AF509719

FRAGOLETTA,

COMÉDIE-VAUDEVILLE EN DEUX ACTES,

PAR MM. BAYARD ET E. VANDERBURCH,

Représentée pour la première fois, à Paris, sur le théâtre des Variétés, 11 novembre 1839.

DISTRIBUTION :

LE DOCTEUR WILKIS.......... M. DUSSERT.
ARTHUR RUTLAND............. M. BRINDEAU.
SIR JAMES.................... M. PROSPER GOTHI.
FRANCIS, jeune shipman....... M. LIONEL.

FRAGOLETTA.................... Mˡˡᵉ LOUISE MAYER.
NOUN, gouvernante du Docteur. Mᵐᵉ LECOMTE.
ROBINSON, hôtelier............ M. ÉDOUARD.
SHIPMEN.

La scène se passe à Plymouth ; au premier acte dans le jardin de l'hôtel, au deuxième chez le Docteur.

ACTE I.

Un jardin orné servant d'entrée à l'hôtel de la Couronne, à Plymouth. A gauche, la maison ; à droite, des bosquets et des arbustes en caisse.

SCÈNE I.

ARTHUR, NOUN, Plusieurs Domestiques de l'hôtel, ROBINSON.

ROBINSON, au fond de la scène, parlant à la cantonnade.

Holà ! eh ! garçons !.. John ! Tony ! courez... le paquebot de Douvres vient d'arriver !

ARTHUR, assis près d'une table à gauche et fumant.

Mais qu'est-ce que ça me fait à moi !.. Garçon ! garçon !..

ROBINSON.

Voilà !.. allez tous ! et tâchez de nous amener des voyageurs !..

ARTHUR.

Garçon !..

NOUN, entrant par la droite.

Ah ! Robinson ! dites-moi !..

ROBINSON.

Bien ! bien ! vous n'entendez donc pas ce jeune gentleman qui s'impatiente ?..

ARTHUR.

Eh quoi ! de par Saint Arthur, mon patron !.. ne dirait-on pas qu'ils ont tous perdu la tête, à Plymouth !

ROBINSON.

Pardon, monsieur le shipman !.. c'est que voyez-vous, c'est un grand événement que l'arrivée du paquebot de Douvres, pour les aubergistes, s'entend... on s'arrache les voyageurs !

NOUN, parlant en même temps qu'Arthur.

Enfin, M. Robinson, me direz-vous ?..

ARTHUR, se levant.

Me diras-tu si mes ordres...

NOUN.

S'il n'est pas descendu ici...

ARTHUR.

Pour le repas que je donne...

NOUN.

Une jeune dame...

ARTHUR.

A tous les shipmen...

NOUN.

Arrivant de Douvres...

ARTHUR.

Qui sont en ville...

ROBINSON.

Entendons-nous... vous me parlez...

ARTHUR.

D'un dîner...

NOUN.

D'une dame...

ARTHUR.

Au vin de Champagne...

NOUN.

Jeune et jolie !

ARTHUR.

Est-il prêt ?

NOUN.

Est-elle ici ?

ROBINSON.

Oh ! mais, oh ! mais, l'un après l'autre ! (A Arthur.) On fait votre dîner... vos camarades peuvent venir !.. (A Noun.) Quant à la jeune lady que vous demandez, je ne l'ai pas vue !

(Il remonte et sort ensuite.)

NOUN.

Mais on avait prévenu le docteur Wilkis, qu'elle arriverait sans doute aujourd'hui...

ARTHUR.

Ah ! le docteur Wilkis !.. il paraît qu'on lui

11

expédie de jolies filles...

NOUN.

C'est en tout bien, tout honneur, monsieur !..

ARTHUR.

Parbleu ! c'est comme ça que je l'entends, la vieille !..

NOUN.

Air de l'Écu de six francs.

Ne dirait-on pas, à l'entendre,
Que j'ai deux siècles sur le corps !

ARTHUR.

Non, vous pouvez encore attendre.

NOUN.

Insolent !

ARTHUR.

Calmez ces transports !
De grâce, calmez ces transports.
Ma bonne... ma jeune novice...
Mon enfant !.. c'est pour en finir !
Au fait, pour lui faire plaisir,
Je la renverrais en nourrice.

Vous parliez tout à l'heure du docteur Wilkis... je le connais beaucoup... de réputation... un habile homme !..

NOUN, allant pour sortir.

Certainement !..

ARTHUR.

Qui a été chirurgien en chef dans l'escadre de mon père...

NOUN, le regardant.

Ah ! monsieur est fils d'un officier de marine?

ARTHUR.

Et j'en fais gloire, la vieille ! (Noun va pour sortir avec dépit.) Fils du contre-amiral Françis Ruthland... rien que ça...

NOUN, se retournant.

Hein !.. Francis Ruthland ! est-il possible !.. vous, son fils !..

ARTHUR.

Eh bien ! qu'est-ce qu'il y a ?..

NOUN.

Ce petit Arthur si gentil et si diable ?..

ARTHUR.

Moi-même... en personne !

NOUN.

Ciel !.. M. Arthur... mais regardez-moi donc ! regardez-moi donc bien... Comment vous ne me reconnaissez pas.

ARTHUR.

Pas le moins du monde... Vous m'avez connu ?..

NOUN.

Il y a vingt ans !

ARTHUR.

J'étais un bel homme ! j'avais dix-huit mois !..

NOUN.

Eh oui ! pas plus haut que cela !.. oh ! je ne vous ai pas oublié, ni votre brave homme de père, non plus... il m'a sauvée de la broche de ces gueux de Mohicans... il m'a rendue libre, m'a fait instruire par un cuisinier du vaisseau, et m'a ensuite mariée à un énorme matelot de son bord, qui m'aurait rendue très heureuse, s'il n'eût eu la faiblesse de se laisser dévorer, il y a neuf ans, par un requin du cap... Dieu veuille avoir son âme !..

ARTHUR.

Comme ça, vous êtes veuve ?..

NOUN.

Tout-à-fait... et heureuse, grâce au docteur Wilkis qui a pris sa retraite et se contente de mes services sur la terre ferme. Tout Indienne que je suis, il n'y a pas une Anglaise qui entende les puddings mieux que moi ?.. vous en jugerez... car vous rendrez visite au docteur... et dès aujourd'hui ; il sera bien aise de voir le fils d'un brave marin dont nous parlons souvent.

ARTHUR.

Merci, ma bonne... je ne dis pas, plus tard... mais aujourd'hui je suis retenu chez moi... je rends un dîner à mes camarades les shipmen...

NOUN.

Oh ! miséricorde ! M. Arthur ! prenez garde !.. ne frayez pas trop avec toutes ces mauvaises têtes !.. si vous saviez, depuis qu'ils sont à Plymouth ! il n'est question que de rixes, de combats, de duels... et de repas d'où l'on sort un peu trop gai !..

ARTHUR.

Oui ! comme moi, ce matin... ils me forment...

NOUN.

Et tous les maris se plaignent... il se passe des choses qui leur font dresser les cheveux sur le front !..

ARTHUR.

Aux maris !.. Ah ! ah ! ah !.. Eh bien ! franchement, j'aurais besoin de quelque aventure de ce genre-là... * je ne suis pas entreprenant, audacieux comme eux... auprès des femmes surtout... témoin encore cette jeune et jolie personne avec laquelle j'ai voyagé côte à côte... sans oser aller plus loin que : Voulez-vous bien permettre ? Oh ! les autres, comme ils riraient !..

Air : Un homme pour faire un tableau.

J'ai l'uniforme et le brevet ;
Mais dans la marine royale,
Pour me montrer au grand complet,
Il me manque un peu de scandale.
C'est de rigueur ; bon gré malgré,
Il faut, morbleu ! que je me lance...
Car me voilà déshonoré,
Si l'on croit à mon innocence !

NOUN.

Allons ! allons ! vous êtes fou comme les autres !..

ROBINSON, entrant. **

Milord, tout est prêt pour le dîner, et quand ces messieurs arriveront...

ARTHUR.

Bravo ! à revoir, bonne femme !.. j'irai rendre visite au docteur... nous parlerons de mon père...

ROBINSON, à part.

Eh mais ! dites-donc... Il y a là des voyageurs qui arrivent de Douvres... entre autres, une jeune femme... peut-être celle que vous demandez... avec un enfant... et jolie...

NOUN.

Un enfant ?.. ce n'est pas ça.

ARTHUR.

Oh bah ! n'importe ! j'y cours, moi !.. Une jeune femme ! c'est toujours bon à voir... avant de se mettre à table... ça ouvre l'appétit.

(Il sort. Fragoletta paraît dans le fond en homme.)

SCÈNE II.
FRAGOLETTA, ROBINSON, NOUN.

NOUN.

C'est un petit mauvais sujet comme son père !.. l'était-il celui-là... ah !

ROBINSON.

Vous l'avez connu... son père ?

FRAGOLETTA, à la cantonnade.

C'est bien ! attendez ici... on va m'indiquer ma chambre. (Appelant.) Garçon !

ROBINSON.

Voilà !... tiens, ce petit !

FRAGOLETTA.

Une chambre... ce que vous avez de mieux... mais séparée des autres si cela se peut... je n'aime pas à monter.

ROBINSON.

Ni moi non plus... Votre grâce va être obéie.

NOUN.

Encore quelque petit shipman !.. si jeune... si gentil... Faut-il que les parens aient confiance !

ROBINSON, vivement.

Milord n'appartient pas au corps des shipmen de la marine de sa majesté ?

FRAGOLETTA.

Je n'ai pas cet honneur.

NOUN.

Oh ! tant mieux ! ils le perdraient, les autres.

ROBINSON.

C'est que nous attendions...

FRAGOLETTA.

Assez de questions, s'il vous plaît... je ne les aime pas.

NOUN.

Il a raison.

ROBINSON.

Milord dîne-t-il ?.. nous avons une table d'hôte.

FRAGOLETTA.

Je ne mange jamais à table d'hôte... un temps superbe... on étouffe... vous me ferez servir ici, dans ce jardin, sous ce bosquet... une simple collation... mais j'ai à écrire... ma chambre... conduisez-moi, et servez-moi bien... tenez.

(Elle lui jette une pièce d'or.)

ROBINSON.

Oh ! milord !.. tout de suite, milord, si votre grâce daigne me suivre... deux pièces de plein-pied, la vue sur la mer... un coup-d'œil superbe !

FRAGOLETTA.

Bien ! bien ! bavard. (A Noun qu'il allait heurter.) Pardon, la vieille !   (Elle suit Robinson.)

NOUN.

Encore ! ah ça ! est-ce que je suis plus vieille aujourd'hui qu'hier ?

SCÈNE III.
LE DOCTEUR, NOUN.

LE DOCTEUR.

Eh bien ! qu'est-ce que tu fais-là, Noun ?

NOUN.

Ah ! le docteur ! je m'en vais.

LE DOCTEUR.

Hein ? quelle mouche te pique ?.. reste, et dis-moi un peu, madame ma gouvernante, ce que tu as fait de ma jeune voyageuse ?

NOUN.

Elle n'est pas arrivée.

LE DOCTEUR.

Pas arrivée ! allons donc !.. tu n'as pas bien demandé.

NOUN.

Eh ! si fait ! j'étais là-bas à la descente du paquebot... ici à l'arrivée des voyageurs... à la douane, à l'examen des bagages... et dans toute la cargaison, il n'y avait pas une jupe de jeune fille.

LE DOCTEUR.

Impossible ! ah ça ! on l'a donc enlevée !.. Ma foi, tant pis ! c'est elle que ça regarde... ou plutôt son futur mari.

NOUN.

Son futur mari ! alors c'est une affaire dont il pouvait bien se charger lui-même.

LE DOCTEUR.

Allons, allons, ne gronde pas.

NOUN.

Non, c'est que vous ne demandez pas mieux, vous... une jeune fille qu'on vous adresse... on dirait que ça vous rajeunit de quinze ans.

LE DOCTEUR.

Eh ! tu sais bien que non... de quoi diable vas-tu t'aviser de crier après moi, parce que des amis que j'ai à deux cents lieues d'ici, m'écrivent pour me prier de recevoir à son arrivée à Plymouth, une jeune et jolie personne... miss Fragoletta de Bolwer... et de l'accompagner moi-même jusqu'au château d'Egerton, où elle est attendue.

NOUN.

Vous-même et vous seul ! cela me met en chair de poule.

LE DOCTEUR.

Mais tu sais bien !..

NOUN.

Je sais que vous êtes capable de tout... et puis, c'est du comme il faut, une jeune fille qui voyage seule.

LE DOCTEUR.

Mais non... puisqu'elle a une compagne... une gouvernante... et pour peu qu'elle soit dans ton genre, tu m'avoueras qu'il n'y a pas de danger.

NOUN.

Pour la gouvernante, c'est possible... mais l'autre ?

LE DOCTEUR,

Oh ! l'autre ! l'autre ! tu me ferais perdre la tête à la fin ! est-ce que c'est mon affaire !.. On m'annonce une jeune fille, j'attends une jeune fille... je la rendrai à mes amis telle que je l'aurai reçue... je ne réponds pas des avaries.

NOUN.

C'est heureux... mais pour voyager ainsi, elle n'a donc ni père ni mère, cette belle jeunesse ?

LE DOCTEUR.

Mais non... son père, l'amiral Bolwer, gouverneur pour la compagnie des Indes, et depuis envoyé sur les côtes du Portugal, où il est mort, avait épousé dans ses courses une Sicilienne très jolie qui mourut en lui donnant une fille... nourrie, élevée sous les yeux de l'amiral comme un véritable enfant de marine, elle suivit la vie aventureuse de son père qui n'entendait rien à l'éducation d'une jeune fille.

Air : Ah ! si madame me voyait.

Elle essaya ses premiers pas
Au sein de la mer Atlantique,
Pour professeur de rhétorique,
Elle eut des marins, des soldats,
Des tempêtes et des combats.
Si bien que cette chère amie
Doit posséder, où je me trompe fort,
La candeur et la modestie,
D'un capitaine de haut-bord,

NOUN.

Oh ! ça se voit en mer, cela... moi qui vous parle, j'aurais commandé une frégate.

LE DOCTEUR.

Allons donc !.. madame l'amiral, fais-moi le plaisir d'aller voir si mon rostbeef ne brûle pas.

(On entend un grand bruit.)

NOUN.

Oh ! mon Dieu ! ce sont ces petits enragés de shipmen... ils sont capables de me manquer !

LE DOCTEUR.

A toi ! allons donc... tu es assurée !

SCÈNE IV.

LES MÊMES, JAMES, FRANCIS, PLUSIEURS JEUNES OFFICIERS DU CORPS DES SHIPMEN.

(James est en costume de cheval, très apprêté et ridicule. Il est couvert de poussière et tient un fouet à la main. Il est porté par les Shipmen. Il crie tandis qu'ils chantent le chœur.)

CHOEUR.

Air du Châlet.

Honneur, honneur,
A ce brave seigneur
Célébrons sa valeur,
Et son coursier rempli d'ardeur !
Honneur, honneur,
A ce triomphateur !

JAMES, LE DOCTEUR, NOUN.

C'est un honneur dont il est / je suis consterné !

C'est un honneur à me / lui casser le né !*

NOUN.

Miséricorde ! le pauvre jeune homme !

LE DOCTEUR.

Eh ! c'est M. James !

JAMES, se débattant.

Docteur ! venez à mon secours !

TOUS LES SHIPMEN.

Vive notre ami James !

LE DOCTEUR, l'arrachant de leurs mains.

Mais, messieurs, vous allez le casser !

TOUS, riant.

Ah ! ah ! ah !..

JAMES.

Ah ! docteur !.. ah ! quel triomphe !

NOUN, le soutenant.

Ce pauvre enfant !

JAMES.

Merci, la vieille ! (Elle le lâche avec humeur, il manque de tomber.) Eh bien !**

* Noun, James au milieu des Shipmen, le Docteur.
** Noun, James, le Docteur, Francis, les Shipmen se tiennent un peu sur le second plan.

FRANCIS.

Ah ! ah ! ce brave M. James !.. quelle entrée triomphale !.. Figurez-vous, docteur, nous accourons gaîment à cet hôtel où un bon dîner nous attend, voilà que nous avisons ce long M. James, sur un long cheval café au lait... aussi maigre que lui... Diable m'emporte, il ressemblait à feu don Quichotte !

TOUS.

Ah ! ah ! ah ! oui.

JAMES.

Tiens ! il n'était pas déjà si malheureux, feu Don Quichotte.

FRANCIS.

Air : Mazaniello.

Rien ne vaut la mine étonnante
De ce bon James, notre ami,
Enfourché sur son Rossinante
Encor plus ellanqué que lui...
Si bien qu'on ne peut, je vous jure,
Dire sans être partial,
Qui faisait plus triste figure
Du cavalier ou du cheval !..

(Les Shipmen reprennent en chœur les deux derniers vers.)

JAMES.

C'est vrai... enfin, Docteur, je salue poliment ces messieurs... et tout-à-coup, ils fondent sur moi comme une nuée de sauterelles... ils arrêtent mon cheval, ils m'enlèvent... en chiffonnant mon linge blanc, au risque de déranger ma coiffure et de me casser le cou.

FRANCIS.

Et au milieu d'un hourra, qui a fait mettre tout le monde aux fenêtres, nous le portons en triomphe sur nos poings...

JAMES.

Oh ! oh ! les côtes !

NOUN.

Ils ne laissent pas de mal à faire !

LE DOCTEUR.

Voilà un bon commencement pour un homme qui va se marier !

LES SHIPMEN.

Ah ! ah !.. se marier !

FRANCIS*.

Bah ! vraiment !.. il se marie ?..

JAMES.

Tiens ! est-ce que vous vous y opposez, par exemple !

FRANCIS.

Moi !.. au contraire ! Vous n'oublirez pas que je suis votre ami.

JAMES.

Non certainement.

NOUN, à part.

Encore un mari toisé !

FRANCIS.

Est-elle jolie ?

JAMES.

Qui ? ma future... mais je le présuppose... Demandez au Docteur... je ne l'ai pas encore vue.

LE DOCTEUR.

Eh mais ! ni moi non plus.

JAMES.

Hein ?..

NOUN.

Puisqu'elle n'est pas arrivée.

* Noun, James, Francis, le Docteur.

JAMES.

Bah !

FRANCIS.

Vous verrez qu'elle s'est laissé enlever en route !.. Ah ! ah ! ah !

DEUXIÈME SHIPMAN.

Enlevée, c'est cela.

JAMES.

Allons donc ! ma future ! une jeune fille si bien élevée !..

NOUN.

Oui, sur un vaisseau.

TOUS.

Ah ! ah ! ah !

JAMES.

Eh non !.. dans un des meilleurs pensionnats anglais de Paris, d'où elle arrive... Elle y a passé deux années... et c'est le caractère le plus doux, l'air le plus réservé, la pudeur la plus... et puis une grâce, une tenue !.. elle danse comme un ange... elle chante comme... mieux que moi...

NOUN.

Ah mais ! docteur, vous qui disiez...

LE DOCTEUR.

Dam ! est-ce que je sais, moi... on m'avait écrit.

JAMES.

Comment n'est-elle pas arrivée ?

FRANCIS.

Vous lui avez peut-être envoyé votre portrait.

JAMES.

Pas si bête !.. non, non... je lui réserve le plaisir de la surprise... je m'installe ici... et je l'attends de pied ferme...

FRANCIS.

Et moi aussi !..

TOUS.

Et nous aussi !..

LE DOCTEUR.

Pardon ! c'est à moi qu'elle est recommandée... c'est moi qui la conduirai chez lord Egerton... et si par hasard elle arrivait, j'attends de vous les égards que vous n'avez pas pour toutes nos dames...

TOUS.

Ah ! Docteur !

NOUN, d'un sérieux comique.

Pour aucune !.. pour aucune...

FRANCIS.

Est-ce que vous avez à vous plaindre de nous, la vieille ?

NOUN.

Encore !.. il n'y a pas manqué.

JAMES.

Ah ! oui, parlons-en... une femme âgée, qui a de la barbe.

LE DOCTEUR.

Et surtout, Messieurs, soyez moins tapageurs, moins querelleurs, et vous serez tout-à-fait aimables.

TOUS.

Oui, Docteur, oui !

FRANCIS.

Vous êtes un bon et digne homme, Docteur, et vos conseils sont toujours bien reçus... surtout quand ils sont arrosés de vin de France... Tenez, nous devons dîner ici avec un de nos amis, un nouveau camarade que nous formons.

NOUN.

En le déformant.

FRANCIS.

Et si vous vouliez, ce soir, nous faire un sermon, le verre à la main...

LE DOCTEUR.

Eh mais ! pourquoi pas ?

JAMES,

J'en suis !

NOUN, s'approchant du docteur.

Eh non ! vous savez bien que cela vous fait faire des folies.

LE DOCTEUR.

Laissez donc !.. Eh bien ! oui, je viendrai vous rejoindre... après mon dîner, et deux ou trois visites que je rends à mes malades... des gaillards que je mets à la diète*. Me ferez-vous l'honneur de dîner avec moi, sir James ?

JAMES.

Merci, merci, Docteur... j'ai une invitation... (A part.) J'aime mieux dîner avec les petits... c'est plus gai.

LE DOCTEUR.

Allons, Noun ! allons, ma vieille ! à revoir, mes jeunes amis !

Air : premier final du fidèle Berger.

Adieu, mes amis, je vous quitte;
Vous pourrez avoir ma visite;
Mais tâchez, après le festin,
De vous passer du médecin.

TOUS.

Docteur, revenez au plus vite,
Vous nous devez une visite ;
Nous voulons, après le festin,
Trinquer avec le médecin.

(Le Docteur sort avec Noun.)

JAMES.

Ma foi ! messieurs... mes amis... j'ai refusé ce dîner du docteur...

TOUS.

Très bien ! très bien !

JAMES.

Pour accepter le vôtre.

FRANCIS.

Le nôtre !.. oh ! (A part aux autres.) Dites donc, l'homme le plus ennuyeux des trois royaumes !

JAMES.

Hein ? où dînez-vous ?

FRANCIS.

Désolé !.. nous ne dînons pas chez nous... et notre ami Arthur... notre amphitryon... vous concevez... il n'a pas l'honneur... bon appétit, sir James, bon appétit !..

JAMES.

Mais !..

TOUS.

Bon appétit !   (Ils sortent tous par la gauche.)

Air précédent.

Lorsque l'appétit nous excite,
A table, courons au plus vite ;
Mais tâchons, après le festin,
De nous passer de médecin.

⸎⸎⸎⸎⸎⸎⸎⸎⸎⸎⸎⸎⸎⸎⸎⸎⸎⸎⸎⸎⸎⸎⸎

SCÈNE V.

JAMES, seul.

Ils sont malhonnêtes !.. ils sont très malhon-

* James, Noun sur le second plan, le Docteur, Francis, Shipmen.

nêtes dans la marine royale !.. ces petits shipmen, s'ils croient qu'on se soucie de leur société !
Eh bien ! oui !... pour me compromettre auprès
des femmes, je tiens beaucoup à l'estime des
femmes.

SCÈNE VI.
JAMES, ROBINSON, FRAGOLETTA.

FRAGOLETTA.

C'est bien ! vous me servirez ici comme je
vous l'ai ordonné... je n'aime pas le bruit de ces
messieurs.

ROBINSON.

C'est vrai que si ces officiers-là meurent du
spleen !

JAMES.

Qui ça ? les shipmen ! oh bien ! oui... (A part.)
Tiens, tiens... ce petit jeune homme... il est gentil...

FRAGOLETTA, de même, s'asseyant à gauche.

Quel est ce grand benêt qui m'examine atten-
tivement ?

JAMES, de même.

C'est quelque petit écolier d'Oxford qui entre en vacances.

(Il joue avec sa cravache en fredonnant.)

FRAGOLETTA, de même.

C'est quelque fils d'alderman qui se donne les
façons d'un lord.

ROBINSON.

Votre honneur va être servi dans la minute.

JAMES.

Ah ! au fait, je ne dînerai pas seul !.. Garçon !..

ROBINSON.

Milord !

JAMES.

Je dînerai aussi dans ce jardin. Allez, mon
cher.   (Robinson sort.)

FRAGOLETTA, à part.

Il n'a pas l'air très fort.

JAMES.

Enchanté d'une rencontre qui m'assure une
aimable compagnie. (Saluant.) Monsieur !

FRAGOLETTA, se levant.

Monsieur !

JAMES.

Je veux dire que deux voyageurs font bientôt
connaissance... car monsieur est un voyageur
nouvellement débarqué dans notre port de Plymouth !

FRAGOLETTA*.

Il y a une heure à peu près, monsieur... j'étais
à bord du paquebot à vapeur *le Prince de Gal-
les.*

JAMES.

Joli bâtiment, je le connais particulièrement...
Mais seul, ainsi... quelle imprudence ! se peut-il
que maman et papa... papa et maman vous laissent voyager de la sorte.

FRAGOLETTA, haussant le ton.

Et pourquoi non, monsieur ?

JAMES.

Pardon ! vous paraissez si jeune ! si frais...
si... pas un petit poil de barbe au menton !

FRAGOLETTA, d'un ton ferme.

Eh ! qu'est-ce que cela vous fait, morbleu !

JAMES.

Oh ! oh ! si nous jurons !

FRAGOLETTA.

Eh ! monsieur, je n'aime pas qu'on me regarde
sous le nez !..*   JAMES.

Ne nous fâchons pas ! on peut être jeune
gaillard... c'est ce que nous appelons un petit
gaillard... moi, je suis un grand gaillard... (Fragoletta le regarde.) un grand...

FRAGOLETTA.

Oui, vous vous mesurez à l'aune.

JAMES.

Oh ! oh ! vous êtes fort aimable, et moi aussi..
alors nous dînerons ensemble.

FRAGOLETTA.

Plaît-il ?

JAMES.

Je dis que vous êtes seul, que je suis seul..
les tête-à-tête avec soi seul, c'est fort ennuyeux,
je m'ennuie beaucoup avec moi-même.

FRAGOLETTA, le regardant en face.

Moi, je ne m'ennuie qu'avec les autres.

ROBINSON, entrant au milieu d'un grand bruit qui
se fait au-dehors.

Eh ! allez-vous-en au diable !..

FRAGOLETTA.

Ah ! mon Dieu ! quel bruit !

JAMES.

Qu'est-ce qu'il y a donc ?

ROBINSON, préparant la table sous le bosquet à
droite.

Il y a... il y a que ces petits démons de shipmen nous font tourner la tête ! ils se plaignent
d'étouffer là-haut dans la salle !... comme si c'é-
tait de ma faute...

JAMES.

Eh bien ! qu'ils descendent ici !

FRAGOLETTA.

Ici ! pourquoi cela donc ? pour nous empêcher
de nous entendre avec leur tapage !..

JAMES.

Ah ! c'est juste... il paraît que nous voilà d'ac-
cord... je disais bien aussi vous êtes étranger,
je suis indigène, c'est à moi de vous faire les
honneurs... et je vous invite.

FRAGOLETTA.

Je ne l'entends pas ainsi, monsieur.

JAMES.

Eh bien !.. soit, chacun son écot... Holà !
garçon, je dîne avec monsieur ! deux couverts !..
un dîner soigné !.. du gibier ! hein ! aimez-vous
le gibier ?.. des bécasses ! oh ! j'aime les bécasses... c'est de famille ! ma mère les adore... mon
père aussi... Ah ! garçon ! du vin de France !..
du vin de Champagne !

ROBINSON.

Oui, milord.

FRAGOLETTA.

Du vin de Champagne ! mais je n'en bois pas,
je n'en bois jamais.

JAMES.

Du bordeaux, alors, du schery ! ils en ont de
délicieux dans cet hôtel.   (Robinson est sorti.)

FRAGOLETTA.

Oh ! un doigt seulement !

JAMES, à part.

Ça sort de sa coquille... ça ne connaît rien. (Haut.) Ce que vous voudrez, mon jeune et nouvel ami... pour moi, voyez-vous, je suis Anglais dans le cœur ! je bois solidement... et si, à la fin du repas, je suis... vous entendez bien.

FRAGOLETTA

Miséricorde !

Air du Carnaval de Béranger.

Vous enivrer ! mais c'est abominable,
JAMES.
Jamais, mon cher... fi donc ! rassurez-vous.
Lorsque j'ai bu, je deviens très aimable,
Je suis charmant, je suis le roi des fous.
Le plus souvent je m'endors sur la table,
Quand le champagne en détonnant jaillit...
Mais, entre nous, soyez-moi secourable,
Si par malheur je tombais sous mon lit.

FRAGOLETTA.

Mais, monsieur...

JAMES.

Ou bien, vous appellerez vos gens... car vous avez des gens.

FRAGOLETTA.

Non, monsieur... la personne qui m'accompagnait m'ayant abandonné en route... je suis arrivé comme vous voyez !.. mais vous serez sobre, je vous en prie*.

JAMES.

Dam !.. je tâcherai... c'est difficile pourtant... jugez donc ! j'enterre ma vie de garçon !

FRAGOLETTA.

Ah ! monsieur va se marier ?

JAMES.

Mais oui... j'ai un bonhomme de père qui a le nez rouge, et qui croit au bonheur conjugal... il commence à radoter... il trouve que j'aime trop la chasse et les chevaux, et il veut que j'aime quelque chose avec.

FRAGOLETTA.

Une femme ?

JAMES.

Une dot superbe ! que je vais écorner avec vous... Mettons-nous à table. Garçon !..

FRAGOLETTA, à part.

Allons ! il est fat, ridicule... mais honnête au fond.

ROBINSON, rentrant.

Eh bien ! qu'ils viennent dans le jardin, s'ils étouffent.

JAMES.

Qui donc ?

ROBINSON.

Eh bien ! les shipmen... voilà le vin qui commence à les agiter sur leurs jambes.

FRAGOLETTA, effrayée.

Mais s'ils viennent ici !

JAMES,

Est-ce que vous en avez peur?..

FRAGOLETTA.

Moi ! ah ! morbleu ! monsieur, on ne m'insulte pas impunément !

JAMES.

Très bien ! (A part,) c'est un crâne, et sans barbe !

* Fragoletta, James.

SCÈNE VII.

LES MÊMES, ARTHUR, SHIPMEN.

(Ils entrent très bruyamment et descendent sur le devant de la scène. Fragoletta et James sont assis à la table préparée sous le bosquet à droite.

LES SHIPMEN.

Eh ! oui ! oui ! du grand air !.. du grand air.

Air : Des chiens de sa majesté. (De Clapisson.)

Amis, que cette journée,
Qui nous voit le verre en main,
Dignement soit couronnée,
En buvant jusqu'à demain.
La mer nous appelle !
Un moment, la belle,
Un rouge bord
Encor, encor !

Ils trinquent.

Gais marins à la santé
De sa majesté.

(Arthur et les shipmen vont se placer autour d'une table à gauche.)

LES SHIPMEN.

A la santé d'Arthur !

ARTHUR.

A vous, mes maîtres !.. vienne une jolie femme ou une bonne querelle, et vous verrez que je suis homme à vous tenir tête à tous... oui, à tous ! le nombre ne me fait pas peur.

LES SHIPMEN.

Vive Arthur.

FRAGOLETTA, à James.

Dites-moi, celui que l'on a l'air de fêter, on l'a nommé Arthur.

JAMES, la bouche pleine.

C'est possible, connais pas.

LES SHIPMEN.

Vive Arthur Ruthland !

FRAGOLETTA, émue.

Oui... c'est cela !

JAMES.

Hein ?.. ça vous donne des soubresauts. (Se levant au milieu du bruit.) Messieurs, messieurs !..
(Il se montre.)

FRANCIS.

Eh ! c'est notre ami James !

ARTHUR.

Ah ! la bonne tête !

DEUXIÈME SHIPMAN.

Tête idéale.

JAMES, très humblement.

Pardon ! c'est que je dîne ici avec un jeune homme très nerveux, à qui le bruit fait mal aux dents ! il ne mange plus.

TOUS, riant.

Ah ! ah ! ah !

FRAGOLETTA, bas.

Taisez-vous donc !

FRANCIS, qui s'est approché du bosquet.

Désolé, messieurs, nous tâcherons de boire plus bas. (A part.) Oh !.. (Revenant aux autres.) Un petit bonhomme à qui sir James fait payer son écot en ennui.

JAMES, avec fierté.

Ah ! ah ! voilà comme on se montre !

FRANCIS.

Allons, allons, messieurs, à nos amours !

ARTHUR.

Oui, c'est ça, à nos amours !

FRANCIS, riant.

A nos conquêtes ! (Frappant sur l'épaule d'Arthur.) Je dis cela pour ceux qui en ont.

DEUXIÈME SHIPMAN, frappant sur l'épaule d'Arthur.

Pour ceux qui en ont.

ARTHUR.

J'entends... vous vous vantez des vôtres et vous doutez des miennes ! ne soyez pas si fiers... je sais aimer aussi bien que vous... mieux ! mieux !..

FRANCIS.

Laissez donc ! je suis sûr que tout gentil garçon que vous êtes, vous n'avez pas un nom à inscrire sur votre drapeau.

TOUS.

Comme nous ! comme nous tous.

JAMES, à Fragoletta.

Oh ! nous allons en entendre de belles !

FRAGOLETTA, à James.

Faites-nous donc servir !

JAMES.

Oui, oui... Garçon ! garçon !

ARTHUR, après avoir bu.

Ah ! vous croyez ça, vous ? Eh bien ! si fait.

FRANCIS.

Bah ! une douairière !

DEUXIÈME SHIPMAN.

Une dame châtelaine.

TROISIÈME SHIPMAN.

Une grand' maman.

ARTHUR.

Pas du tout ! une fille charmante !.. mais je ne suis pas fat !

JAMES, dans le bosquet.

Oh ! il n'est pas...

FRAGOLETTA, de même.

Faites-nous donc servir !

JAMES, criant.

Oui, oui... Garçon !

FRANCIS.

Silence ! allons, Arthur, de la franchise... c'est l'esprit de la marine !

TOUS.

Oui ! oui... parlez !

ARTHUR.

Oh ! ce n'est pas un de ces amours que vous faites sonner si haut, vous autres mauvais sujets de profession... ce n'est pas une passion de pacotille !..

FRANCIS.

Oh ! j'y suis, j'y suis... c'est la fille du vieux Colman, le portier du collége de la Trinité... elle boite !.. ah ! ah ! ah !   (Ils rient tous.)

JAMES, dans le bosquet.

Ah ! ah ! ah !.. et elle a un œil de moins...

FRAGOLETTA.

Mais, faites-nous donc servir !

JAMES.

Oui, oui... Garçon !..

ARTHUR.

Oui ! riez, riez... il n'y a pas un de vous qui puisse se vanter d'une aussi belle rencontre en voyage !

TOUS.

En voyage !

FRANCIS.

Bravo !.. dites-nous cela !.. mais d'abord, aux beaux yeux de la belle voyageuse !..

TOUS.

De cette merveille ! (Ils trinquent et boivent.)

JAMES, dans le bosquet.

Ces marmouzets sont-ils avantageux ! Dieu ! si je voulais me vanter aussi de mes bonnes fortunes, moi !..

FRAGOLETTA.

Mais, monsieur, faites-nous donc servir !

JAMES.

Mais j'appelle le garçon... il ne vient pas !..

FRAGOLETTA.

Mais alors, allez vous plaindre... vous êtes connu ici... le thé, monsieur, le thé !..

JAMES.

Déjà !

FRAGOLETTA.

Je vous en prie en grâce !

FRANCIS, vivement.

Silence ! donc !

JAMES.

A moins que vous ne soyez incommodé ! je vous trouve pâle...

FRAGOLETTA.

Allez donc, monsieur, je vous en prie, allez !..

JAMES.

Oui ! oui, j'y cours.   (Il sort du bosquet.)

FRANCIS, à James.

Eh bien ! que diable ! est-ce que vous vous battez là-dedans ?

JAMES, baissant la voix.

Eh ! non... c'est mon petit convive, il n'a pas mangé et il étouffe... il demande du thé... drôle de petit bonhomme !.. Garçon !   (Il sort.)

SCÈNE VIII.

LES MÊMES, excepté JAMES.

TOUS, riant et l'entourant.

Voyons ! voyons ! la confession d'Arthur !.. ah !

DEUXIÈME SHIPMAN.

La confession demandée !..

ARTHUR.

Ah ! vous vous amusez à mes dépens ! Eh bien... (A part.) Allons, ferme... ou je suis un homme perdu !

FRANCIS.

Oui, oui, cette aventure... et si ce n'est pas une amplification de réthorique !..

ARTHUR.

Oh ! je n'invente rien... ce n'est pas un roman, c'est une histoire... la mienne !.. imaginez-vous une petite miss charmante, à la mine éveillée, que j'ai rencontrée à Douvres...

(Fragoletta prend la place de James.)

PREMIER SHIPMAN.

Cela sent bien la frontière...

ARTHUR.

Elle venait de débarquer...

DEUXIÈME SHIPMAN.

De France ?

FRANCIS.

C'est une modiste !

ARTHUR.

Du tout... elle parlait parfaitement anglais...

FRANCIS.

Toutes les couturières de Paris le savent à présent.

ARTHUR.

Laissez-moi donc finir... elle avait égaré ou laissé en route sa gouvernante.

FRANCIS.

Une gouvernante perdue!..

LE DEUXIÈME SHIPMAN.

C'est de la rue Vivienne toute pure!

ARTHUR.

Eh non, un air distingué, ma parole d'honneur... si bien que je la regardais en soupirant.

FRANCIS.

Sans oser approcher d'elle? ah! ah! ah!

TOUS.

Ah! ah! ah! de loin!

ARTHUR.

Si fait! si fait!.. je me suis approché!.. un peu de champagne!

FRANCIS.

Vrai! vous avez eu cette audace-là!..

LE DEUXIÈME SHIPMAN.

Et pas un mot.

TOUS.

Ah! ah! et pas un mot!

ARTHUR.

Comment! pas un mot... mais... (Avec aplomb.) Mais si fait... je lui ai parlé!

FRAGOLETTA, dans le bosquet.

Hein?..

ARTHUR.

Parole d'honneur! j'ai hasardé quelques propos bien tendres, on ne s'en est pas fâché...

FRANCIS.

Après!

ARTHUR, buvant.

Après! (A part.) Ah! ma foi! (Haut.) J'ai osé presser une petite main blanche et potelée... on a souri...

FRANCIS.

Après!..

ARTHUR.

Après! j'ai serré doucement une taille de nymphe... on a laissé faire...

(Fragoletta cherche à se contenir.)

FRANCIS.

Pas mal... c'est une bonne manœuvre...

DEUXIÈME SHIPMAN.

Après?

ARTHUR.

Comment? après!.. (A part.) Ah ça! mais il me semble que c'est gentil comme ça.

TOUS.

Après! après!

FRANCIS.

Il en est resté là! ah! ah! ah! l'écolier!

ARTHUR.

Eh bien! non... j'en ai obtenu...

FRANCIS.

Un bon soufflet!   (Ils rient tous.)

ARTHUR.

Un baiser! (Fragoletta se lève vivement.) Deux baisers, trois baisers... (A part.) Oh! ma foi! pendant que j'y suis!

FRAGOLETTA, dans le bosquet.

Ah! mon Dieu!

FRANCIS, riant.

Ah! ah! ce n'est pas tout!

DEUXIÈME SHIPMAN.

Ensuite!..

ARTHUR.

Ensuite... les choses seraient allées très loin! si le soir même elle n'eût disparu.

TOUS.

Bravo!

FRANCIS

On l'a enlevée... à votre barbe, ou c'est tout comme.

(Ils rient. — Fragoletta paraît de plus en plus émue.)

DEUXIÈME SHIPMAN.

Une grisette! il n'y a pas de doute.

ARTHUR.

Mais non!.. je suis sûr que c'était une jeune personne très comme il faut... à en juger à son nom... que j'ai lu sur une caisse de son bagage...

TOUS.

Ah! voyons!.. le nom!

DEUXIÈME SHIPMAN.

Le nom... c'est le plus intéressant.

(Fragoletta fait un mouvement comme pour sortir et s'arrête.

ARTHUR.

C'était un F.

FRANCIS.

C'est ça... une Fanny... une Florestine... une Françoise...

ARTHUR.

Attendez donc!.. Miss Fanny... ou Fenella... n'importe!.. Bolwer!

TOUS.

Bolwer!..

FRANCIS.

Malpeste! un nom d'amiral! il ne se refuse rien!..

ARTHUR.

Miss Bolwer... que j'ai embrassée... et réciproquement!..

FRAGOLETTA, ne pouvant plus se contenir et s'élançant du bosquet.

Vous en avez menti!..

TOUS.

Hein!

FRANCIS.

Un démenti!

FRAGOLETTA.

Oui, oui!., c'est un imposteur!*

ARTHUR, s'élançant de son côté.

Monsieur!

FRAGOLETTA, lui jetant son gant au visage.

Un lâche imposteur!

ARTHUR.

O ciel!

TOUS, les séparant.

Messieurs, Messieurs!..

FRAGOLETTA, continuant.

Qui n'a dit ici que des mensonges... pour obtenir vos suffrages.

Air : Époux imprudent, etc.

Oui, devant vous, Messieurs, je le répète,
On peut ne pas se trouver insulté
Par quelque parole indiscrète ;
Mais un mensonge est une lâcheté !
J'appelle lâche et je traite d'infâme,
L'homme qu'ici ma voix vient démentir,
   Celui qui peut prendre plaisir
   A calomnier une femme !

* Fragoletta, Francis, Arthur, les shipmen sur le second plan.

ARTHUR, balbutiant.

C'est... c'est indigne !.. vous me... vous me rendrez... rendrez raison... de vos... de... oh ! mon Dieu ! oh !..

TOUS.

Qu'a-t-il donc ?..

FRANCIS.

Qu'avez-vous ?.. Arthur ?.. ce trouble.

ARTHUR.

C'est que... oh ! oui ! je ne me trompe pas... ces traits... cette ressemblance ?.. oui, c'est...

FRAGOLETTA, vivement.

Moi, Edouard Bolwer... qui n'ai pu entendre insulter mon nom, ma sœur... sans la venger !

TOUS.

Sa sœur !

ARTHUR.

Votre sœur ?.. votre... oui, oui, ce doit être... oh ! mais c'est inexplicable !..

FRANCIS.

Vous n'avez pas prévu, jeune homme qu'en lui donnant un démenti... en lui jetant votre gant au visage, vous vous exposiez à une affaire terrible.

FRAGOLETTA.

Je n'ai pensé qu'à ma sœur !.. et monsieur va rétracter ici, à l'instant, tout ce qu'il a dit.

ARTHUR.

Moi !   (Murmure parmi les Shipmen.)

FRANCIS.

S'il le fesait, après une insulte pareille, il serait déshonoré et indigne de jamais porter l'uniforme de la marine anglaise !

DEUXIÈME SHIPMAN.

Rétracter ! c'est impossible.

ARTHUR.

Non, non !.. je ne rétracte pas... je ne rétracte rien ! (Se cachant la tête dans ses mains.) Son frère !

FRAGOLETTA.

Mais cela est infâme !.. vous devez du moins...

FRANCIS.

Permettez !.. cela ne regarde plus que ses amis !.. et vous qui le traitiez de lâche tout à l'heure... vous ne refuserez pas de lui rendre raison, M. Bolwer !..

FRAGOLETTA.

Quand il voudra !

ARTHUR, très ému.

Je suis prêt !   (Ses camarades le poussent.)

SCÈNE IX.

LES MÊMES, JAMES, apportant un thé.

JAMES.

Pas moyen d'avoir un verre d'eau, tout le monde est en l'air... ma foi, j'ai pris le parti de faire le thé moi-même.

ARTHUR, à Fragoletta.

Monsieur, vous avez le choix des armes !..

JAMES, s'arrêtant au milieu en tenant son plateau.

Des armes ! hein ! qu'est-ce que c'est ?

FRANCIS.

Une affaire diabolique !

JAMES.

Bah ! bah ! bah !.. ça lui a donc pris subitement !

ARTHUR.

J'ai dit à Monsieur...

FRAGOLETTA.

Cela m'est égal !.. l'épée... le pistolet...

ARTHUR.

Le pistolet... soit ! à vos ordres !

JAMES *.

Oh ! le temps de faire bouillir de l'eau et il se monte !..

FRANCIS.

Silence !... l'heure, le lieu ?..

ARTHUR, toujours ému.

Dans un quart-d'heure... si monsieur...

FRAGOLETTA.

Dans dix minutes, si vous voulez !..

JAMES.

Il est très crâne !

FRANCIS.

Avez-vous un témoin, jeune homme ?

FRAGOLETTA, montrant James.

Voici le mien.

JAMES.

Moi ! merci... vous êtes bien aimable ! (A part.) Comme c'est régalant après dîner... j'aurai une indigestion.   (Arthur paraît accablé.)

FRANCIS, à demi-voix.

Eh mais ! Arthur... y pensez-vous... on dirait que la peur...

ARTHUR, vivement.

Moi !.. ah ! de grâce, messieurs...

(Il remonte vivement et avec émotion, ils le suivent et l'entourent.)

JAMES, sur le devant de la scène.

Comment, mon cher !.. mon cher... qui ?

FRAGOLETTA.

Edouard ?

JAMES.

Comment, mon cher Edouard, vous que je croyais doux comme une tourterelle !

FRAGOLETTA.

Eh, monsieur !..

JAMES.

C'est qu'ils sont très mauvaises têtes !..

FRAGOLETTA, avec une émotion croissante.

Vous entendriez donc une jeune fille, votre amie... votre sœur... calomniée, déshonorée publiquement... sans oser la protéger ! la défendre !.. au risque... (Pleurant presque.) Ah ! c'est affreux !

JAMES.

Comment, Edouard, on dirait que vous pleurez !..

FRAGOLETTA, se remettant.

Moi, Monsieur ! c'est la colère... Oh ! je ne tremble pas, allez !

LES SHIPMEN.

Allons ! allons !

ARTHUR, descendant avec résolution.

Monsieur... on pense qu'il faut nous rendre au-dehors de la ville... derrière la jetée...

FRAGOLETTA, un peu émue.

Où vous voudrez, monsieur... Je vous demande le temps d'écrire un mot... une lettre... et je vous suis.

(Arthur fait un pas vers lui avec émotion.)

FRAGOLETTA répond avec fermeté.

Je vous suis !   (Elle sort par la gauche.)

* James, Fragoletta, Francis, Arthur, Shipmen.

SCÈNE X.

LES MÊMES, excepté FRAGOLETTA.*

ARTHUR, la regardant sortir.

Ah! mon Dieu!

FRANCIS.

Arthur!..

JAMES,

Il est mou le grand... mais le petit! ah! ah!.. je vais prendre du thé.

FRANCIS, s'approchant d'Arthur.

Arthur!..

ARTHUR.

Oh! pardon, messieurs, pardon!.. Je suis ému, je l'avoue... c'est mon premier duel!.. le premier!

FRANCIS.

Allons! allons! un verre de champagne!..

ARTHUR.

Et quand je pense à l'apparition de ce jeune homme... à cette ressemblance avec sa sœur!..

FRANCIS.

A notre ami Arthur!

TOUS.

A Arthur! (Ils boivent.)

JAMES, buvant du thé de l'autre côté.

Comme c'est gentil! je viens pour une femme, et je trouve... J'aurai une indigestion, c'est sûr!

SCÈNE XI.

LES MÊMES, LE DOCTEUR.

LE DOCTEUR.

Eh! mes jeunes amis! me voilà!

TOUS.

Le Docteur!

LE DOCTEUR.

Eh bien! eh bien!.. on boit du vin de Champagne sans moi!.. Et le sermon que je vous ai promis!

FRANCIS.

A demain le sermon, à demain! Un verre au Docteur!

LE DOCTEUR, à James, allant à lui.

Qu'est-ce qu'il fait là?

JAMES.

Je prends du thé, docteur... mon dîner est là comme un poids! (Baissant la voix.) Il y a un duel!

LE DOCTEUR.

Un duel!.. on va se battre?..

FRANCIS.

Tenez, Docteur, à vos malades!

LE DOCTEUR.

Un duel!.. encore!.. Et qui ça?

ARTHUR, se levant.

Moi, monsieur!

FRANCIS.

Oui, Docteur... C'est notre ami Arthur Ruthland...

LE DOCTEUR, allant lui prendre la main.

Ruthland! vous!**

FRANCIS, continuant.

Il a été insulté... gravement insulté par un jeune étranger... un ami de M. James.

JAMES.

Mon ami! Mais non! mais non! je ne le connais ni d'Adam ni d'Eve.

LE DOCTEUR.

Et vous, jeune homme... vous vous battriez vec un inconnu pour quelque folie?..

ARTHUR.

Monsieur, cela ne regarde que moi!

LE DOCTEUR.

Et moi donc! tout ce qui touche à l'humanité est de mon ressort!.. Vous ne vous battrez pas!

JAMES,

C'est ça! c'est ça! au fait!

FRANCIS.

Par notre trois-mâts, Docteur!.. vous n'y pouvez rien!

LE DOCTEUR.

Laissez-moi donc tranquille!

FRANCIS.

Calmez-vous, Docteur! C'est inévitable, prenez votre parti... venez avec nous... (A demi-voix.) On ne sait pas ce qui peut arriver..

JAMES.

Hein?.. qu'est-ce qu'il dit?.. Je vais prendre du thé.

LE DOCTEUR.

Mais quand je vous dis que je m'oppose à ce combat, à ce duel!.. (Au milieu des murmures.) Quelque dispute pour une amourette... (James lui fait signe que oui.) Non, non! mille fois non! vous ne vous battrez pas! je ne le veux pas!..

JAMES, après avoir bu.

Mon dîner passe!

ARTHUR.

Ah! monsieur, j'ai eu des torts! j'ai été insulté!.. Ainsi, des deux parts...

FRANCIS.

Oui, oui!.. Il doit se battre!

LE DOCTEUR.

Ah! c'est comme ça!.. ah! vous refusez de m'entendre!.. ah! vous me poussez à bout!..ah! vous croyez que je permettrai à deux jeunes fous... Mais je sais le lieu ordinaire de vos rendez-vous... hors la ville... derrière la jetée...

JAMES, faisant signe.

Oui! oui! (On impose silence à James.)

LE DOCTEUR.

Oh! je le sais, et quand je devrais avertir le Constable et vous faire arrêter tous!

ARTHUR.

Monsieur! monsieur!

TOUS.

Docteur.

JAMES.

Bravo!

LE DOCTEUR.

Oui! je sauverai deux braves anglais!.. vous ne vous battrez pas! (Il sort précipitamment.)

SCÈNE XII.

LES MÊMES, excepté LE DOCTEUR, et ensuite FRAGOLETTA.

JAMES, avec joie.

Bravo! bravo! bravo! (On vient à lui.)

FRANCIS.

Vous dites, monsieur!

JAMES, doucement.

Je dis, monsieur... que la loi, l'opinion... et puis le Constable!

FRANCIS.

Le Constable ! le Constable !

ARTHUR.

Je n'en ai pas peur ! je dois me battre, je me battrai !

ROBINSON, à Fragoletta.

Bien, monsieur, bien !

FRAGOLETTA.

Me voici, messieurs ! partons !

JAMES.

Oh ! le petit gueux ! il y tient !

FRANCIS.

Tout est changé, messieurs ! derrière la jetée, impossible ! le docteur est capable de s'y trouver... avec un constable !..

JAMES, avec joie.

Ils ne se battront pas !

ARTHUR.

Eh ! qu'importe !

FRANCIS.

Oh ! une idée ! pourquoi pas ?.. au fait, personne ne se doutera... Avez-vous des pistolets ?

FRAGOLETTA.

Non, monsieur.

ARTHUR.

Chez moi... dans ma chambre... une boîte sur mon secrétaire...

FRANCIS, à un de ses camarades.

Va ! va ! et nous, nous allons tout régler... (Baissant la voix.) Le combat aura lieu ici !

TOUS.

Ici ! ici !.. bravo !

JAMES, à part.

Oh ! les enragés !.. je vais prendre du thé.

TOUS.

Le témoin ! le témoin !

(On entraîne James et tandis qu'ils sont dans le fond à régler les conventions.)

FRAGOLETTA, à Robinson sur le devant de la scène à gauche.

Écoutez-moi... voici une lettre... si quelque malheur m'arrive, vous la ferez parvenir à son adresse, à ce château... où je me rendais.

ROBINSON.

Permettez, milord, est-ce que ?..

FRAGOLETTA.

Silence !.. voici ma bourse.

(Le jeune homme apporte les pistolets, Robinson remonte la scène avec inquiétude.)

TOUS.

Les pistolets !

FRANCIS, à James.

Voyez, monsieur... examinez les armes... c'est votre devoir.

JAMES.

Bien obligé !.. (Les examinant.) Des pistolets de southall... c'est un peu rococo... (A part.) Si cet imbécille de docteur avait l'idée !

FRANCIS.

Nous sommes convenus de vingt-cinq pas...

JAMES.

J'en veux trente... j'en veux quarante... (Murmures.) C'est à prendre ou à laisser. (Pendant qu'ils se remettent à discuter, à mesurer dans le fond, Arthur s'approche de Fragoletta qui, aux premiers mots, se détourne avec émotion.)

ARTHUR, à demi-voix.

Vous m'avez outragé, sir Édouard... demandez-moi excuse, je vous en prie !.. J'aurais bien demandé pardon à votre sœur !

(Fragoletta ne répond pas.)

FRANCIS, se plaçant entre Arthur et Fragoletta.

Messieurs, tout est réglé... trente pas... vous tirez ensemble... et maintenant faites honneur aux noms que vous portez tous deux !.. Vous n'avez rien à vous dire !

FRAGOLETTA, d'une voix ferme.

Rien !

ARTHUR.

Rien !

FRANCIS.

Placez-vous donc !

(Arthur entre dans la coulisse à droite ; Fragoletta dans la coulisse à gauche. On ne les voit pas.)

JAMES.

J'aurai une indigestion !

FRANCIS.

Allons ! allons !.. (Les shipmen sont dans le fond. James près de la coulisse de gauche. Le premier shipman donne le signal au moment où le docteur paraît avec Robinson. Musique jusqu'à la fin.)

SCÈNE XIII.
LES MÊMES, LE DOCTEUR.

LE DOCTEUR.

Le Constable est prévenu et... (On entend les deux coups de feu en même temps.) Ah ! grand Dieu !

JAMES, pâle et défait, montrant la gauche.

Mort ! mort ! je suis mort !..

LE DOCTEUR.

Qui donc ?..   (Il entre à gauche.)

ARTHUR, s'élançant de la coulisse de droite,

Mort ! je l'ai tué !.. Édouard !

TOUS, l'entourant.

Partez ! partez !

ARTHUR.

Non ! non !.. son frère ! laissez-moi ! je suis un malheureux !

FRANCIS.

Venez ! venez !

ARTHUR, dans le plus violent désespoir.

Laissez-moi !.. mort !..

LE DOCTEUR, reparaissant.

Non, non, blessé seulement ; mais partez ! partez !..

LES SHIPMEN.

Le Constable !...

(On entraîne Arthur, James boit une tasse de thé.)

FIN DU PREMIER ACTE.

ACTE II.

Le théâtre représente un petit salon chez le docteur. A droite, l'appartement de Fragoletta ; à gauche, une autre porte. Entrée par le fond. Une fenêtre au second plan.

SCÈNE I.
LE DOCTEUR, JAMES, NOUN.

(Au lever du rideau, James est endormi dans un fauteuil près de la porte à droite, le docteur entre par la droite et Noun par la gauche.)

LE DOCTEUR.

Enfin ! te voilà !

NOUN.

Eh ! pardine ! si vous croyez que c'est à deux pas.

LE DOCTEUR, lui montrant James endormi.

Silence !... prends garde*.

NOUN.

Tiens !... il dort ici, celui-là ! il était dans la chambre.

LE DOCTEUR, montrant la droite.

Oui, il était assis près de notre jeune blessé, dont, comme tu sais, il n'avait pas voulu se séparer ; mais après nous avoir bien ennuyés de son bavardage sur sa future, sur la fortune qu'elle lui apporte... il s'est endormi vers le matin... et, ma foi, je l'ai fait transporter dans ce petit salon sans qu'il ait même changé de position... Oh ! il est bien pris !.. et toi, as-tu vu l'autre ?

NOUN.

Eh ! oui... ce pauvre M. Arthur ! c'est un bon jeune homme... bon comme son père.

LE DOCTEUR.

Tant mieux ! tant mieux ! tu ne lui as rien dit, bavarde ?

NOUN.

Quoi donc ?

LE DOCTEUR.

C'est juste... après ?..

NOUN.

Il est caché dans une maison du port... d'où il espère bien échapper aux recherches du Constable. Là, il se désole... il croyait avoir tué son adversaire. J'avais beau lui répéter : Mais non, il va bien, M. le Docteur l'a retenu chez lui pour en avoir soin... il n'a reçu qu'une blessure légère au bras...

LE DOCTEUR.

Oui ! la balle n'a, par bonheur, déchiré que l'épiderme, mais un peu plus, et le poignet était cassé...

JAMES, rêvant.

Oui !.. non !.. ma femme.

LE DOCTEUR.

Chut !

NOUN.

Il rêve...

JAMES.

Que tu es belle !.. ah !.. goddam !.. que tu es belle !...

NOUN.

Il a l'air de me regarder.

JAMES.

Et riche !.. riche.

* James, le Docteur, Noun.

LE DOCTEUR.

Le gaillard ! il ne songe qu'à l'argent. (A Noun, baissant la voix.) Eh bien !.. eh bien !.. achève !

NOUN.

J'ai fini par le rassurer... mais il veut voir le blessé.

LE DOCTEUR.

Ça ne se peut pas.

NOUN.

Pourquoi ?

LE DOCTEUR.

Pourquoi ! pourquoi !.. (Confidentiellement.) parce que... notre malade veut partir, disparaître ce matin sans avoir vu personne !.. pas même toi !

NOUN.

Mais pourquoi ?

LE DOCTEUR.

Ah ! pourquoi.

JAMES, s'agitant et criant.

Non, non... laissez-moi !

LE DOCTEUR.

A l'autre !...

JAMES, criant et se levant.

Laissez-moi !.. ah !..*

NOUN, effrayée.

Ah ! mon Dieu !

LE DOCTEUR, le soutenant.

Eh bien ! quoi ? qu'est-ce ? qu'avez-vous ?...

JAMES.

Docteur ! docteur !.. ne me touchez pas... tiens !.. où est-il donc ?.. où suis-je ?... ah ! que je suis bête !.. je rêvais !.. je rêvais femme... jeune femme !.. et puis mon mariage, ce duel d'hier, ma prétendue qui n'arrive pas, tout cela me barbouillait l'imagination... et tout à l'heure, là... quel cauchemar... je rêvais que le jour de mes noces... ma femme elle-même me tirait à bout portant un coup de pistolet... Comme on est bête quand on dort !

NOUN.

Vous, surtout.

JAMES.

Hein ?

NOUN.

Je dis vous surtout, qui dormez la bouche ouverte !.. c'est très mauvais.

JAMES.

Tiens ! je dors la bouche ouverte !.. je ne m'en suis jamais aperçu... eh mais ! il me semblait que je m'étais endormi près de mon intéressant petit jeune homme.

NOUN.

Oh ! intéressant !..

JAMES.

La tête appuyée sur son lit.

LE DOCTEUR.

Oui... mais vous ronfliez comme un tuyau d'orgue.

* Le Docteur. James, Noun.

JAMES.

Bah! je ronfle... et je dors la bouche ouverte...
mais je dois être fort laid ainsi?..

NOUN.

Je crois bien.

LE DOCTEUR.

Notre jeune... Édouard a voulu dormir, et je
vous ai fait apporter ici.

JAMES.

Vous avez bien fait... j'avais pourtant juré
de ne pas le quitter... malgré lui... car il est
colère, il est très colère, mon jeune ami... il
s'emporte pour un rien... et cette nuit, tenez,
j'ai voulu ouvrir sa malle pour lui donner un
mouchoir... il s'y est opposé... il m'a fait une
scène pour ça... le petit crâne!.. et les confitu-
res dont vous m'aviez dit de ne lui donner qu'une
cuillerée... ah bien! oui, il aurait mangé le pot
tout entier, si je n'y avais mis bon ordre.

NOUN.

Vous l'avez mangé vous-même?..

JAMES.

Il n'y avait que ce moyen de le sauver.
(Pendant qu'il parle, le Docteur a gagné la porte de
droite et écoute.)

JAMES.

Mais je vais voir s'il a besoin de moi*.

LE DOCTEUR, l'arrêtant.

Non, non... il dort... allez plutôt vous mettre
en état d'être présenté à votre prétendue... je
l'attends.

JAMES.

C'est juste... je suis à faire peur... et je ne
veux pas lui faire peur, à cet ange... au contraire... (On entend un grand coup de sonnette.)
Qu'est-ce que c'est que ça?.. quelqu'un... c'est
elle, peut-être? NOUN.

Non, non, je sais qui; par le petit escalier. (Bas
au Docteur.) Sir Arthur; j'y cours.

     (Elle sort par la gauche.)

LE DOCTEUR, la suivant.

Bien! bien! renvoie-le... et vous...

JAMES.

Oh! moi, je m'esquive... Adieu, docteur,
dites à mon jeune camarade qu'il ne s'impatiente
pas... que je vais revenir... Je l'aime beaucoup,
il a quelque chose qui m'attire vers lui... Dam!
quand on s'est trouvé ensemble sur le terrain!..
Il m'a fait diablement peur!.. (Il sort.)

LE DOCTEUR.

Adieu! adieu!.. bon débarras!.. Allons voir
si la toilette...
(Il va pour sortir par la droite au moment où Arthur entre par la gauche.)

<hr>

SCÈNE II.

LE DOCTEUR, ARTHUR, NOUN.

ARTHUR.

Oh! oui, oui! je le verrai... Ah! docteur!

LE DOCTEUR.

Eh quoi! vous ici, monsieur!..

ARTHUR.

Oh! vous ne me renverrez pas!... non, Docteur, je ne puis me retirer sans le voir!.. je l'ai
blessé... mortellement peut-être!..

* James, le Docteur, Noun.

LE DOCTEUR.

Eh non! monsieur*.

NOUN.

Mais le moyen de lui résister.

LE DOCTEUR.

Taisez-vous. (A part.) Que le diable les emporte!

ARTHUR.

Si vous saviez quelle horrible nuit j'ai passée!
l'idée que j'avais blessé, que sais-je, tué peut-
être un brave jeune homme, que son nom, ses
traits me faisaient aimer... Ah! c'était un sup-
plice affreux, après le combat...

LE DOCTEUR.

Après, après; il fallait y penser avant.

NOUN.

Docteur.

ARTHUR.

J'étais en proie aux remords, au désespoir,
je dormais à peine... et tout-à-coup ce spec-
tacle horrible m'arrachait de mon lit, je l'appel-
lais... je voulais venir le trouver... je vous criais:
Docteur! Docteur! sauvez-le; et mes amis, qui
me retenaient malgré moi, m'entouraient de
leur pitié et ne pouvaient cacher leurs larmes...
Ah! Docteur, ce doit être une terrible chose que
d'avoir un crime pareil à se reprocher!

LE DOCTEUR.

Mais non... il paraît qu'on s'y fait.

ARTHUR.

Jamais!

LE DOCTEUR.

Vous, c'est possible... vous êtes un brave
jeune homme, je le vois...

NOUN.

C'est bien heureux!.. (A Arthur.) J'en suis
bien sûre, ce n'est pas vous qui avez eu tort...

LE DOCTEUR.

Taisez-vous.

NOUN.

C'est plutôt ce petit jeune homme, avec son
air sournois...

LE DOCTEUR.

Taisez-vous.

NOUN.

Il a une si mauvaise figure!..

LE DOCTEUR.

Taisez-vous donc, et allez me préparer mon
déjeuner. NOUN.

Oh! mon Dieu! j'y vais... Une figure que je
ne peux pas souffrir... au lieu que M. Arthur
Ruthland.

LE DOCTEUR.

Allez donc! allez donc!

NOUN.

Il est gentil, lui...

LE DOCTEUR.

Allez donc!

NOUN.

Ce n'est pas comme le petit!.. (Elle sort.)

LE DOCTEUR**.

Quant à vous, monsieur, je ne vous en veux
pas... je suis même tout porté à vous aimer...
mais vous ne pouvez espérer...

ARTHUR.

Oh! Docteur, oh! je vous en supplie... ne

* Arthur, le Docteur, Noun.
** Le Docteur, Arthur.

soyez pas sans pitié pour moi... j'ai eu des
torts, de grands torts, mais lui aussi m'a insulté
bien cruellement !..

LE DOCTEUR.

Oui, je sais tout... et je vous pardonnerais
volontiers, moi qui ai connu votre père... qui
m'intéressais à vous hier... et qui en ce moment
encore... mais c'est impossible !.. ce jeune
homme, sa sœur...

ARTHUR.

Sa sœur !.. Oh ! qu'elle ne sache pas, qu'elle
ne sache jamais, ce qui s'est passé!.. Quant à
son frère je veux le voir, il le faut...

LE DOCTEUR.

Cela ne se peut pas ! ni lui, ni elle, jamais ,
monsieur !

ARTHUR.

Avant qu'il ait revu sa sœur.

LE DOCTEUR.

Il est trop tard !

ARTHUR.

Grand Dieu ! elle est arrivée !.. Oh ! qu'elle
ne sache rien !..

LE DOCTEUR.

Non, non, partez !...

SCÈNE III.

LES MÊMES, FRAGOLETTA, elle est en robe
blanche avec un petit tablier dans la poche du-
quel elle tient constamment sa main.

FRAGOLETTA, entrant gaîment.

Monsieur le Docteur, monsieur le Docteur *!

ARTHUR.

Oh !.. c'est elle !..

FRAGOLETTA.

Ciel !

ENSEMBLE.

Air de Lestoc.

ARTHUR.

Quel trouble involontaire !..
C'est bien elle... et je croi,
Voir, en ces lieux, son frère
Paraître devant moi.

FRAGOLETTA.

Ciel ! que dire? que faire ?
C'est lui que je revoi,
J'espérais que mon frère
L'éloignerait de moi.

LE DOCTEUR.

Bon ! que dire ? que faire ?
Quel contre-temps, ma foi,
Et la sœur et le frère
S'arrangeront sans moi.

ARTHUR, au Docteur qui lui fait signe de sortir.

Pardon, monsieur le Docteur, mais j'ai l'honneur de connaître mademoiselle.

LE DOCTEUR.

Oui, je le sais.

FRAGOLETTA, intimidée.

En effet, j'ai vu monsieur, à Douvres.

ARTHUR, très ému,

Mademoiselle, j'ignorais que vous fussiez arrivée à Plymouth ; mais je venais savoir des nou-
velles de sir Edouard.

* Fragoletta, le Docteur, Arthur.

FRAGOLETTA.

Ah ! monsieur sait que mon frère a été blessé?

ARTHUR, troublé.

Oui, mon Dieu, oui... je l'ai appris... par
hasard... (Bas au docteur.) Elle ne sait donc pas
que c'est moi ?

LE DOCTEUR, bas.

Non... je ne crois pas.

ARTHUR, bas.

Ne dites rien, au nom du ciel !

LE DOCTEUR, bas.

Soyez tranquille.

FRAGOLETTA.

Mais pardon, je suis désolée d'avoir troublé
un entretien.   (Elle remonte.)

ARTHUR, vivement.*

Au contraire, mademoiselle... je suis trop
heureux... je parlais à M. le docteur... de votre
famille.

LE DOCTEUR.

En effet... monsieur est le fils de lord Ruthland... un brave amiral Anglais qui fit ses pre-
mières armes avec votre père.

FRAGOLETTA.

Ah ! avec mon père. (Se reprenant.) Je croyais
M. le docteur seul ici, et avant de sortir, je venais
le prier de voir mon frère.

ARTHUR, vivement.

Comment ! est-ce qu'il serait plus souffrant?..
est-ce que sa blessure ?..

FRAGOLETTA.

Son bras va mieux... mais le docteur lui avait
défendu de se lever...

LE DOCTEUR.

Et le docteur avait parbleu raison... mais c'est
un petit entêté qui veut se donner la fièvre.

ARTHUR.**

Oh ! non... voyez-le de grâce... empêchez
une imprudence qui pourrait retarder sa guéri-
son... et s'il pouvait me recevoir...tout à l'heure,
à l'instant.***

LE DOCTEUR.

J'y vais plutôt, miss Fragoletta.

ARTHUR, à part.

Fragoletta !.. c'est ça, l'F !.. (Bas au docteur.)
Oh ! laissez-moi avec elle un moment... je vous
en supplie !.. Oh ! mon cher docteur ! de grâce,
allez-vous-en.

LE DOCTEUR.

Hein? (A part.) Bon ! il me met à la porte de
chez moi. (A Fragoletta qui lui fait signe de rester.)
Oh ! ma foi, arrangez-vous.

SCÈNE IV.

ARTHUR , FRAGOLETTA.

ARTHUR.

De grâce ! mademoiselle !

FRAGOLETTA.

Monsieur...

ARTHUR.

Permettez... j'espérais, mademoiselle, que
vous ne me fuiriez pas ainsi, et que je pourrais
vous parler de M. votre frère... à qui vous ressemblez d'une manière si inconcevable.

* Le Docteur, Fragoletta, Arthur.
** Le Docteur, Arthur, Fragoletta.
*** Arthur, le Docteur, Fragoletta.

FRAGOLETTA.

Oui... surtout quand on nous voit séparé-
ment.

ARTHUR.

Tout, jusqu'au son de la voix !

FRAGOLETTA.

Vous connaissez mon frère , monsieur ?

ARTHUR.

Beaucoup... c'est-à-dire depuis hier... et cette
étrange ressemblance m'avait inspiré pour lui un
intérêt...

FRAGOLETTA.

Dont je ne doute pas, et je suis bien sûre que,
si vous eussiez été là, lors de cette dispute qu'on
lui a cherchée, sans doute vous auriez empêché
un combat auquel je ne puis songer sans frémir...
vous auriez défendu, protégé mon frère, n'est-ce
pas, monsieur ?

ARTHUR, balbutiant.

Moi... mademoiselle... certainement... parce
que... enfin... et puis, vous concevez... si son
honneur... le mien.

FRAGOLETTA.

Le vôtre !.. et en quoi cela pouvait-il le tou-
cher ?

ARTHUR.

Oh !.. je ne dis pas.

FRAGOLETTA.

Si fait, cependant... vous avez dit...

ARTHUR.

Mais non !

FRAGOLETTA.

Vous connaissez peut-être le jeune homme qui
s'est battu avec... Edouard ?

ARTHUR, l'observant.

Il ne vous a donc pas parlé de son duel ?

FRAGOLETTA.

Si fait... si fait... je sais qu'un étourdi a insulté
par ses propos, quelqu'un de ma famille... je ne
sais qui.   ARTHUR.

Il ne vous a pas nommé ?..

FRAGOLETTA, vivement.

Il ne m'a nommé personne.

ARTHUR, à part.

Ah ! je respire.

FRAGOLETTA.

Je sais que mon frère, témoin de cet outrage,
n'a pas été maître d'un mouvement d'impatience
et de colère... Ah ! n'eussiez-vous pas agi de
même si l'on eût outragé devant vous le nom de
votre père... qui était un brave marin comme le
nôtre ?.. et vous, M. Ruthland, si mon frère ne
se fût trouvé là pour demander raison de cette
insulte, ne l'auriez-vous pas fait, n'auriez-vous
pas fait respecter dans lord Bulwer, l'ami, le
compagnon de votre père, et soutenu dans son
nom l'honneur de la marine anglaise ?

ARTHUR.

Oh! mademoiselle !.. j'aurais dû me faire tuer
pour lui... pour vous !..

FRAGOLETTA.

Oh ! moi... je ne suis pour rien dans tout
cela !

ARTHUR, se reprenant.

Pour rien !.. c'est juste, pour rien. Mais quels
que soient les torts de celui qui... malgré lui,
peut-être... a blessé votre frère... ne lui pardon-
neriez-vous pas ?

FRAGOLETTA.

Non, monsieur.

Air d'Yelva.

ARTHUR.

Mais s'il venait vous demander sa grâce ?

FRAGOLETTA.

Eh ! non, monsieur !..

ARTHUR.

          S'il venait... entre nous,
Vous demander... pardonnez son audace.
Votre amitié...

FRAGOLETTA.

          Monsieur, y pensez-vous ?
Je n'ai pour lui ni haine, ni colère...
Mais l'imprudent qui, fat et querelleur...
Put envoyer la mort au cœur du frère.
A-t-il des droits à celui de la sœur?
Il envoyait la mort au cœur du frère,
A-t-il des droits à celui de la sœur?

ARTHUR, s'essuyant les yeux à part.

Ah ! mademoiselle.

FRAGOLETTA, très émue.

Ah ! c'est affreux... mais tous les jeunes gens
sont méchans, querelleurs, mauvais sujets !..
tous.

ARTHUR.

Tous !.. vous oubliez que votre frère en est.

FRAGOLETTA.

Eh ! il ne vaut peut-être pas mieux que les autres.

ARTHUR, se rapprochant vivement.

Vous voyez bien !.. et s'il avait eu des torts,
lui !.. si par une insulte à son tour...

FRAGOLETTA.

Vous savez donc tout, monsieur ?

ARTHUR.

Oui.

FRAGOLETTA.

Vous étiez donc là ?

ARTHUR.

Sans doute.

FRAGOLETTA.

Ah ! tant mieux... vous me nommerez la personne de ma famille dont on parlait si légère-
ment?

ARTHUR, vivement.

Non, non, je ne puis pas.

FRAGOLETTA.

Celle qui tenait de pareils propos.

ARTHUR, de même.

Non, non, j'ignore...

FRAGOLETTA.

Mais vous disiez...

ARTHUR.

Oh ! je suis depuis si peu de temps ici... je ne
connais pas... Vous le savez, mademoiselle, vous
que, il y a trois jours, j'ai vue à Douvres.

FRAGOLETTA.

Oui, à Douvres, où je regrettai vos atten-
tions si délicates, lorsque je fus abandonnée par
cette femme, par cette gouvernante à laquelle on
m'avait confiée... et qui avait disparu tout-à-
coup...

ARTHUR.

Et vous restiez seule, sans appui, sans secours... ah ! si j'eusse été là pour vous protéger !..

FRAGOLETTA, s'oubliant.

J'y pensais.

ARTHUR.

O ciel !..

FRAGOLETTA, se reprenant.

Pardon, monsieur, j'entends la voiture qui vient me prendre... on m'attend chez lady Chestefield... une amie du docteur... elle a du crédit et je veux l'intéresser à mon frère qu'on inquiète en ce moment pour ce maudit duel.

ARTHUR.

Oh ! votre frère, miss, ne puis-je... en votre absence, lui parler ?..

FRAGOLETTA.

Non, monsieur, il ne veut voir personne.

ARTHUR.

Permettez si j'insiste...

FRAGOLETTA.

Partez monsieur, cela ne se peut pas.

ARTHUR, qui s'est approché de la porte à droite.

Oh ! fermée.

FRAGOLETTA.

C'est le docteur, sans doute...

ARTHUR.

Oh ! n'importe je ne sortirai pas d'ici sans l'avoir vu.

FRAGOLETTA.

Comment ?

ARTHUR.

Je ne veux plus le quitter... je regrettais de ne pas avoir passé la nuit dans sa chambre auprès de lui... je reste !

FRAGOLETTA.

Mais monsieur, je vous assure...

ARTHUR.

Je vous assure, miss, qu'il faut que je lui parle.

Air : Dernière pensée de Weber.

Votre frère
Je l'espère
En ce lieu me recevra,
Ah ! cédez à ma prière
Dites-lui que je suis là.
Il y va, qu'il vous en souvienne,
De ma vie !..
Fragoletta.
Ah !.. entre nous !
Il vient de trembler pour la sienne
Il doit avoir pitié de vous.
ENSEMBLE.
Oui, mon frère
Je l'espère
En ce lieu vous recevra
Et je crois, qu'à ma prière
Près de vous il se rendra.
Votre frère, etc.

SCÈNE V.

ARTHUR, et ensuite NOUN.

ARTHUR.

Oh !.. elle ne sait rien, elle ne saura rien, je l'espère !.. je serais trop malheureux si elle se doutait de ce qui s'est passé... oh ! je n'oserais jamais reparaître devant elle... tout à l'heure, là je me sentais rougir, trembler !.. maudite querelle ! ah ! si je pouvais encore...

NOUN, entrant vivement.

Ah ! mon Dieu ! M. Arthur... éloignez-vous de la fenêtre, ne vous montrez pas.

ARTHUR.

Et pourquoi cela ?.. qu'y a-t-il donc ?*

NOUN.

Il y a que l'on vous fait chercher partout... le Constable demande le Docteur qui est sorti... il s'agit de ce petit Edouard, de ce mauvais sujet qu'on poursuit comme vous.

ARTHUR.

Il n'est pas coupable !.. je le soutiendrai je prouverai... mais on ne lui a rien dit à elle.

NOUN.

Hein !

ARTHUR.

Elle ne sait pas que c'est moi...

NOUN.

Elle ! elle !.. qui ça, elle ?..

ARTHUR.

Eh bien ! elle... la jeune fille qui sort à l'instant, miss Bulwer, la sœur de sir Edouard.

NOUN.

Une jeune fille !.. allons donc !

ARTHUR.

Mais je lui ai parlé.

NOUN.

Chez nous !

ARTHUR.

Elle sortait de chez son frère.

NOUN.

C'est impossible !..

ARTHUR.

Mais quand je te dis.

NOUN.

Mais quand je vous dis que je l'aurais vue entrer, que diable !..

ARTHUR.

Oh ! Noun ! ne te moque pas de moi ! une jeune fille blonde, une figure charmante... une taille svelte... une voix qui va au cœur !.. et puis cette ressemblance avec son frère !.. avoue qu'on ne se ressemble pas comme ça... mêmes traits, même taille... oh ! pourtant je crois le frère plus petit !..

NOUN.

Tant que vous voudrez... mais ce que je sais, c'est qu'il n'y a pas de femme ici !..

ARTHUR, s'élançant vers la porte à droite.

O ciel !..

SCÈNE VI.

LES MÊMES, JAMES, il est en toilette élégante, mais outrée.

JAMES.

Ah ! enfin... je vais la voir elle est ici !..

NOUN.

Ici !.. qui donc ?..

JAMES.

Eh bien ! elle, ma future... ma femme.

ARTHUR.

Comment ! votre femme.

NOUN.

Une femme !

JAMES, à Arthur.

Ah ! tiens ! c'est vous ! notre adversaire !.. vous

* Noun, Arthur.

faites joliment bien d'être chez le Docteur... on vient de faire une descente dans la maison où vous avez passé la nuit...

ARTHUR.

Grand Dieu ! a-t-on inquiété, arrêté quelqu'un ?

JAMES.

Non, mais si on vous découvre vous le serez ; coffré et solidement, maudit duel !.. il m'a fait un mal... dam ! quand on n'a pas l'habitude... je disais bien : j'aurai une indigestion !.. je l'ai eue.

ARTHUR.

Mais dites-moi... la jeune fille que vous cherchez... votre future... son nom ?..

JAMES.

Miss Bulwer... miss Fragoletta Bulwer !

ARTHUR, à Noun.

Là ! tu vois bien !.. c'est elle.

NOUN.

Elle est ici !..

JAMES.

Ah ! ça, mais êtes-vous drôles !.. est-ce que vous ne le savez pas, la vieille ?..

NOUN.

La vieille... ne sait rien !

ARTHUR.

Mais enfin, qui vous a dit ?

JAMES.

Dam ! en sortant d'ici, je fais ma toilette, une toilette soignée... hein comment me trouvez-vous ?..

ARTHUR.

Superbe !.. après !..

JAMES.

C'est simple mais c'est gentil !.. Je cours à la Douane pour savoir s'il n'est rien arrivé pour miss Fragoletta Bulwer.

ARTHUR.

Eh ! oui, c'est bien ça !..

JAMES.

Comment ! c'est bien ça ! mais c'est ça !.. la fille l'Amiral, rien que ça... une dot de dix mille guinées ! que ça.

NOUN.

Après ?..

JAMES

On me répond à la douane... que le docteur Wilkis vient de faire la même demande au nom de mis Fragoletta qui est arrivée chez lui ce matin.

NOUN.

Chez lui.

ARTHUR.

J'en étais bien sûr.

JAMES.

Tiens, et moi !.. je voudrais bien la voir... je grille de me développer devant elle... avec tous mes moyens de séduction... la conquête va commencer !.. ARTHUR.

Tu vois bien !..

NOUN.

Il faut donc que ce soit en mon absence...

JAMES, les regardant tous les deux.

Ah ! ça... avec votre air tout je ne sais quoi... à qui diable en avez-vous ?

NOUN.

Aussi, le Docteur semblait se moquer de moi.

JAMES, à Noun.

Dites-moi, ma future est-elle aussi jolie que riche ! hein ?

NOUN.

Puisque je ne l'ai pas vue.

ARTHUR.

Oui, monsieur, elle est jolie... elle est charmante !.. mais ne lui parlez pas de mon duel avec sir Édouard, je vous en supplie !..

JAMES.

Tiens ! tiens, quel enfantillage !.. Qu'est-ce que ça lui fait, à elle, sir Édouard ?

ARTHUR.

Comment ! ce que ça lui fait !.. n'importe je vous le défends.

JAMES.

Vous me le défendez !.. pourquoi ça ?..

ARTHUR, plus vivement lui serrant le bras.

Parce que !.. parce que ! je vous le défends !..

JAMES, criant.

Eh ! monsieur !.. ne serrez donc pas si fort !..

NOUN.

Messieurs !..

SCÈNE VII.

LES MÊMES, FRAGOLETTA en robe de chambre d'homme, pantalon à pied, coiffée d'un foulard, le bras droit en écharpe.

FRAGOLETTA.

Qu'est-ce donc ?.. une dispute

ARTHUR.

Sir Édouard !

NOUN.

Ah ! ça, monsieur le blessé, est-ce que le Docteur permet que vous sortiez de votre chambre ?

FRAGOLETTA.

Eh ! va te promener, la vieille, je m'ennuie à périr dans ma cellule !.. (A Arthur sérieusement.) Et puis, monsieur veut absolument me parler... (Très haut.) Laissez-nous, bonne femme... et donnez-moi des cigarres...

NOUN.

On ne fume pas ici !

ARTHUR, à part.

Ce n'est pas la même voix.

JAMES.

Eh ! corbleu ! ventrebleu ! le voilà tout-à-fait grand garçon, ce cher Édouard... laissez-le respirer en liberté !.. bonjour, ça va bien !..

(Il lui secoue la main.)

FRAGOLETTA.

Haie !.. prenez garde !..

JAMES.

Ça va mal !..

ARTHUR.

Vous souffrez encore, sir Édouard ?..

JAMES.

Mais permettez !.. et ma future, ma délicieuse future ; dont nous avons parlé toute la nuit... elle est ici... chez le docteur. (Surprise d'Arthur.) Un ange une sylphide, qui m'est léguée par testament, avec dix mille guinées ! une affaire superbe !..

ARTHUR, regardant Fragoletta.

Miss Fragoletta !..

NOUN, à part.
Mais il ne sait donc pas.
FRAGOLETTA.
Silence.
JAMES, les observant.
Hein? encore !.. (A Arthur.) Eh bien! non!
eh bien! non! je ne lui parlerai pas de votre
duel, mauvaise tête! (A Fragoletta.) Sans adieu,
mon jeune et tendre ami... Dam! je puis vous
donner ce nom-là... j'ai été votre témoin... et
j'ai passé la nuit auprès de vous à vous soigner...
Oh! il est vrai que ce n'était pas aussi agréable
qu'auprès d'une jolie femme... Ah! ah! ah! Dieu!
si une jolie femme s'était trouvée... hum!..
hum!

Air : De sommeiller encor.

Mon cher, sans tarder davantage,
Guérissez-vous!.. j'en ai besoin,
Car il faut, pour mon mariage,
Que vous me serviez de témoin,
Comme hier, nous serons ensemble,
C'est une autre affaire d'honneur;
Mais rassurez-vous, si je tremble,
Ce ne sera pas de frayeur.
(Il les regarde en riant.)
Ah! ah! ah! hein ?..
Ce ne sera pas de frayeur.
(Il les voit sourire.)
Ah! vous y êtes !.. ah! ah!   (Il sort en riant.)
NOUN, dans le fond.
Eh mais! si c'est le frère... je n'y suis plus!..
ARTHUR, la poussant dehors.
Va-t'en !.. laisse-nous !..

SCÈNE VIII.

FRAGOLETTA, ARTHUR.

FRAGOLETTA.
Ah! ah! ah! ce pauvre sir James.
ARHUR.
Eh! mon Dieu! sir Edouard, on dirait qu'il
ne sait pas que vous êtes le frère de sa prétendue.
FRAGOLETTA.
En effet, mon ami intime ne sait même pas
mon nom. Je n'ai pas été fâché de connaître le
futur mari de ma sœur Fragoletta... je l'ai fait
causer.
ARTHUR.
Ah! je comprends alors... et vous êtes con-
tent de lui ?..
FRAGOLETTA.
Oui, assez... c'est un honnête garçon... mais
vous, monsieur, comment avez-vous osé sortir...
poursuivi... comme vous l'êtes ?..
ARTHUR.
Ah! pour vous revoir, pour m'assurer que
vous alliez mieux... qu'on ne me trompait pas...
j'aurais tout bravé.
FRAGOLETTA, s'asseyant.
Donnez-vous donc la peine de vous asseoir.
ARTHUR.
Sir Édouard, ne me donnerez-vous point votre
main ? (Il lui tend la main.) Vous refusez...
FRAGOLETTA, lui donnant la main avec indifférence.
Non, monsieur.
ARTHUR.
Oh! vous le devriez peut-être... car j'ai eu
tous les torts, j'ai outragé, calomnié votre sœur...

après ce fatal combat, je l'ai dit, je l'ai crié à
qui a voulu l'entendre !..
FRAGOLETTA.
Je le sais.
ARTHUR.
Vous vous êtes comporté en brave jeune
homme, en bon frère.
FRAGOLETTA.
Ce qui ne m'a pas empêché d'être... Ah! vous
êtes adroit.
ARTHUR.
Ah! c'est moi qui aurais dû être blessé... mais
je suis toujours malheureux,
FRAGOLETTA.
J'ai tout oublié !.. laissons cela... n'en parlons
plus (Se levant.) Si c'est pour cela que vous res-
tiez ici, vous pouvez.
ARTHUR.
Oh! pas encore !.. puisque vous êtes si géné-
reux... vous ne me refuserez pas la grâce que je
viens vous demander.
FRAGOLETTA.
Qu'est-ce donc ? quelle grâce ?..
ARTHUR.
C'est de ne pas dire à votre sœur le nom du
coupable, la cause de ce duel...
FRAGOLETTA.
Si elle le connaît déjà.
ARTHUR.
Pas tout-à-fait.
FRAGOLETTA.
Vous avez parlé à ma sœur ?..
ARTHUR.
Oui... ici, à l'instant.
FRAGOLETTA.
Elle ne me l'a pas dit.
ARTHUR.
Mais jugez de ma surprise, de mon bonheur,
quand j'ai vu qu'elle ne me soupçonnait même
pas !.. je vous en remercie.
FRAGOLETTA.
Ah! ce service est peu de chose... Et quand
j'ai su, par ma sœur, vos égards pour elle, ce
respect dont, à Douvres, vous ne vous êtes pas
écarté, je vous ai plaint, sir Arthur, et j'ai re-
gretté un mouvement de vivacité... dont, à mon
tour, je vous demande excuse.
(Il lui tend la main.)
ARTHUR, la prenant.
Ah! mon ami!.. mon frère! (Fragoletta retire
vivement sa main.) Pardon! pardon de ce nom
que je vous donne... et que je voudrais méri-
ter !..
FRAGOLETTA, souriant.
Comme vous dites cela, monsieur!
ARTHUR.
C'est que... à Douvres... je n'avais pu voir votre sœur sans en être épris... Je ne vous parle
pas de ses charmes qui auraient fait tourner une
tête plus solide que la mienne... mais cet air de
candeur, de bonté... que votre figure me rappelle
en ce moment.
FRAGOLETTA, riant avec effort.
Ah! ah! de la candeur... moi!..
ARTHUR.
Cette émotion avec laquelle elle semblait me
voir, m'entendre...

FRAGOLETTA.
Prenez garde ! vous brodez encore !..
ARTHUR.
Oh ! je me flattais sans doute... C'est que je l'aimais, voyez-vous !.. c'est qu'en la voyant ici, tout à l'heure, à la place où vous voilà, j'ai senti que sa disparition subite, notre querelle d'hier, notre combat, mes regrets et son retour inattendu... n'avaient fait qu'accroître mon amour.
FRAGOLETTA.
Votre amour !..
ARTHUR.
Oui, je l'aime... Oh ! je n'oserais jamais lui dire cela à elle !.. Je l'aime ! cela vous étonne... Mais depuis ce fatal combat, je ne pense plus qu'à elle, qu'à vous ; oh ! dites-moi, sir Édouard, que vous ne me desservirez pas près d'elle.
FRAGOLETTA.
Je vous le jure.
ARTHUR.
Oh ! merci ! merci ! (S'approchant et se reculant tout d'un coup.) Que vous lui ressemblez donc, mon Dieu ! que vous lui ressemblez !.. Et, c'est bien convenu, de mes torts pas un mot !
FRAGOLETTA.
Non, non, je n'en dirai rien à ma sœur.
ARTHUR.
Oh ! que vous êtes bon ! Vous vous ressemblez aussi du cœur... Encore une petite demande... Oh ! ne vous en offensez pas... Vous savez que les amoureux sont un peu exigeans... Quand on est faible, on a besoin d'appui. (Avec intimité.) Entre nous, vous pourriez me donner un petit coup d'épaule.
FRAGOLETTA.
Plaît-il ?
ARTHUR.
Si ça ne fait pas de bien, ça ne peut pas faire de mal... et je vous rendrai cela plus tard, quand vous serez amoureux, ma parole d'honneur ! (Mouvement de Fragoletta.) Oh ! cela peut se trouver... Entre jeunes gens, on se fait des confidences... et il y a peut-être là, dans votre cœur... hein ?.. (Elle baisse les yeux.) Oui... vous me conterez cela... plus tard... Un prêté rendu.
FRAGOLETTA.
Je vous suis obligé... mais je ne puis rien vous promettre à cet égard.
ARTHUR.
Eh quoi !
FRAGOLETTA.
C'est impossible !
ARTHUR.
Votre sœur...
FRAGOLETTA.
N'aimera jamais celui qui l'a outragée.
ARTHUR.
Mais elle n'en saura rien.
FRAGOLETTA.
Qui m'a blessé !..
ARTHUR.
D'ailleurs, elle est si bonne !.. elle ferait la part... des bravades de mes amis, qui me défiaient... de ce dîner... de cette orgie...
FRAGOLETTA.
Croyez-vous que ce soit une excuse ?
ARTHUR.
Oh ! pour une fois !..

Air de la Robe et les Bottes.

Mais désormais, après ce coup funeste,
Adieu plaisirs , dîners, philtre enivrant !
Haine aux duels, qu'à présent je déteste !
Haine au champagne, hélas ! que j'aime tant !
De ma raison je veux rester le maître ;
Et, quel que soit son attrait enchanteur,
Je n'en boirai jamais, à moins, peut-être ,
Que ce ne soit à mon bonheur.
Non, je le jure, à moins, peut-être,
Que je n'en boive à mon bonheur !

Et cela dépend de vous.
FRAGOLETTA.
Non, monsieur... D'ailleurs, mon ami James...
ARTHUR , s'échauffant peu à peu,
Oh ! votre ami James ne convient pas à votre sœur !
FRAGOLETTA.
Si fait... Sa famille est alliée à la mienne... à la nôtre... Mon père, en mourant, a désiré que ce mariage se fît ; il se fera.
ARTHUR.
Oh ! ne me dites pas cela... C'est un fat !
FRAGOLETTA.
C'est un honnête homme !
ARTHUR.
Miss Fragoletta ne peut l'aimer.
FRAGOLETTA.
Elle l'aimera !
ARTHUR.
Je le tuerai plutôt !
FRAGOLETTA.
Toujours des querelles !
ARTHUR.
Non, je suis bon enfant... Je le tuerais !
FRAGOLETTA.
Oh ! voici ma sœur !
ARTHUR , se calmant.
Oh ! qu'est-ce que j'ai dit là ? Non , c'est le Docteur.

SCÈNE IX.
LES MÊMES, LE DOCTEUR, JAMES.

LE DOCTEUR.[*]
Eh ! vite, sir Arthur, il faut partir, vous éloigner... Il y a trop de danger à rester ici plus longtemps.
ARTHUR.
Eh ! qu'importe à présent.
FRAGOLETTA.
Quoi donc ! Qu'y a-t-il encore ?
JAMES.
Oh ! peu de choses... Dans un instant on sera ici pour arrêter ce cher Arthur.
FRAGOLETTA.
Grand Dieu !.. fuyez !..
ARTHUR , à Fragoletta.
Mais vous aussi, on vous arrêtera !..
FRAGOLETTA.
Oh ! moi... j'ai des protecteurs !
LE DOCTEUR , à Arthur.
Je vous sauverai... je l'espère. Nos lois anglaises sont très sévères sur ce chapitre.
SIR JAMES.
Oui , pendu, rien que ça.

[*] James, Fragoletta, le Docteur, Arthur.

LE DOCTEUR.

Mais nous avons des amis, que Diable ! et d'abord je cours chez le Constable avec sir James.

JAMES.

Quand j'aurai vu ma future... car vous y mettez tous un air de mystère... d'ironie... je veux la voir, je veux la voir !

LE DOCTEUR.

Mais vous la verrez ! vous la verrez ! vous la verrez !.. quand elle sera rentrée.... il faut d'abord que sir Arthur...

FRAGOLETTA.

Soit loin d'ici.

ARTHUR.

Moi, je ne puis partir en cet instant...

FRAGOLETTA.

Oh! oui, monsieur, vous avez promis de partir après m'avoir vu ! (Au docteur.) Renvoyez-le ! sauvez-le.

ARTHUR.

Quel trouble !

LE DOCTEUR, lui tâtant le pouls.

Silence ! voilà un pouls bien agité... nous sommes trop ému.

JAMES.

Vrai ! qu'est-ce qu'il a donc toujours ce petit bonhomme ?

FRAGOLETTA.

Mon non, docteur, je vous assure...

LE DOCTEUR.

Je vous assure, moi, qu'il vous faut du calme et du repos... La moindre agitation vous causerait un évanouissement. Rentrez tout de suite, et point de réflexion... ou trois jours au lit et à la diète.

JAMES.

Miséricorde !

FRAGOLETTA.

Je rentre docteur... je rentre... (Bas.) Mais sauvez-le !

ARTHUR. *

Et surtout, sir Edouard, songez à ce que je vous ai demandé, rappelez-vous mes prières.

FRAGOLETTA.

Je ne dirai rien... à une condition : c'est que vous allez vous éloigner... sauvez votre liberté, vos jours peut-être.

ARTHUR.

Mais de grâce ! votre sœur.

FRAGOLETTA.

Je vous en prie... pour ceux qui vous aiment !

(Elle rentre.)

SCÈNE X.

LES MÊMES excepté FRAGOLETTA.

LE DOCTEUR.

Bravo !

JAMES.

Bravissimo !

ARTHUR.

Oh! quelle voix !.. il m'a semblé...

LE DOCTEUR.

Et maintenant jeune homme... (Appelant.) Noun ! Noun !.. (Revenant à lui.) A votre tour.

ARTHUR.

Mais, docteur ! docteur, une grâce !..

LE DOCTEUR, à Noun qui entre.

Noun, accours donc... tu vas reconduire sir Arthur par mon jardin, jusqu'à la maison du premier pêcheur... là, vous serez en sûreté... jusqu'à ce que, cette nuit, une barque vous emmène loin du port.

NOUN.

Mais il fait un temps affreux !..

LE DOCTEUR.

Eh ! qu'importe !.. on peut faire une descente dans la maison... votre manteau.

JAMES.

Votre chapeau !

NOUN, bas à Arthur.

Il n'est pas entré de femme ici... j'en mettrais ma main au feu !..

ARTHUR.

O ciel ! * (Au docteur qui lui apporte son manteau, tandis que James lui tend son chapeau.) Mais, Docteur... miss Fragoletta.

LE DOCTEUR.

Elle n'est pas rentrée !

JAMES.

Ah ça ! qu'est-ce qu'il lui veut donc toujours à ma future.

ARTHUR.

Elle aurait peut-être pour moi plus de pitié que son frère.

JAMES.

Comment ! son frère !.. mais elle n'en a pas !

ARTHUR, vivement et rejetant son manteau.

Il se pourrait ! monsieur... O ! monsieur ! ne me trompez pas !..

JAMES.

Eh bien ! eh bien ! à qui en a-t-il donc ? Il m'étrangle.

LE DOCTEUR.

Bon ! à l'autre ! il ne sait pas que sa femme a un frère à présent.

NOUN.

Un frère, une sœur ! moi je n'ai vu que...

LE DOCTEUR, à Noun.

Tais-toi... (A Arthur.) partez.

JAMES.

Mais permettez...

ARTHUR.

Oui, oui, permettez !

JAMES.

Un frère ! un frère ! que diable ! quand on a de ces inconvéniens-là dans une famille, on prévient, et je saurais...

ARTHUR.

Certainement... vous le sauriez ! vous avez raison... et si Edouard était réellement son frère...

JAMES.

Plaît-il ? Edouard !... En voilà bien d'une autre ! le petit Edouard ! j'aurais passé la nuit auprès de mon beau-frère... sans m'en douter... Allons donc... Ce serait plus bête que nature !

ARTHUR.

Plus bête que nature... c'est ce que je dis... il faut expliquer...

NOUN.

C'est cela, il faut que cela s'explique.

LE DOCTEUR.

Mais non !

JAMES.

Je ne demande pas mieux.

SCÈNE XI.

LES MÊMES, FRAGOLETTA.

(Costume de sa première entrée, elle ôte son chapeau
de paille qu'elle pose sur la table.)

LE DOCTEUR.

Miss Fragoletta. *

JAMES, se retournant.

Hein ?   (Il reste la bouche ouverte.)

NOUN, étonnée.

Qu'est-ce que c'est que ça ?

ARTHUR.

C'est elle !

JAMES.

Est-ce que je dors ? est-ce que je veille ?

NOUN.

C'est un homme habillé en femme.

FRAGOLETTA.

Chut ! parlez bas ! le constable vient d'entrer
en même temps que moi... il demande mon frère.

ARTHUR.

Il y a du danger pour sir Edouard, je ne dois
plus le quitter.

LE DOCTEUR, se retournant ; bas.

Et le Constable !

FLAGOLETTA.

Il est là dans votre cabinet... mon frère est
sauvé... Grâce à nos amis ! (A Noun.) Voyez, ma
bonne ce qui se passe.

LE DOCTEUR, voulant retenir Noun.

Mais... permettez... la vieille !..

FRAGOLETTA, serrant à part la main du Docteur.

De grâce ! allez...

NOUN, tout étonnée.

Oui, oui, je vais voir... l'autre... le frère...
le... oh ! mon Dieu !..

(Elle entre dans la chambre, à droite.)

JAMES.**

Pardon, Miss, c'est moi, sir James... qui dois...
que... Oh ! mais, j'en tombe de plus haut que
moi...

(Il tient un chapeau de chaque main, celui d'Arthur
et le sien, et se croise les bras.)

FRAGOLETTA.

Sir James ! Ah ! je n'avais pas l'honneur de
vous connaître !.. (A Arthur.) Monsieur... vous
connaissez l'adversaire de Sir Edouard, celui qui
l'a blessé... vous me l'avez dit.

JAMES, montrant Arthur.

Eh ! mais le voici...

ARTHUR, lui saisissant le bras et à demi-voix.

Taisez-vous ! sur votre tête.

JAMES.

Ah bah ! bien ! (A part.) On joue à quelque
chose ici !

FRAGOLETTA, à Arthur,

Eh bien ! rejoignez-le... à l'instant... Décidez-
le à s'embarquer ce soir, pendant que nous re-
tiendrons le Constable... à l'aide du temps affreux qu'il fait... mais qu'il ne perde pas une minute, ou je ne réponds de rien. (Mouvement
d'Arthur.) Oh! je vous en prie !

*Noun, le Docteur, Fragoletta, Arthur, James.
** Le Docteur, Fragoletta, James, Arthur.

LE DOCTEUR, allant à Arthur.

Oui, oui, hâtez-vous !.. Sir James va vous con-
duire par le jardin... jusqu'à la porte... (Bas.)
Vous voyez, je ne vous trahis pas, mais partez.

ARTHUR, faisant un pas vers la droite.

Ah! Docteur, avant d'obéir à Miss Fragoletta
je veux...

NOUN, rentrant, et à la cantonnade.

Oui, Sir Edouard, je veux le dire à vôtre
sœur !

JAMES, l'arrêtant.

Hein ? Elle lui parle !

LE DOCTEUR.

Noun !

FRAGOLETTA.

Mon frère !

NOUN, balbutiant.

Il vient de passer... dans le cabinet de M. le
Docteur... où le Constable cause avec lui très
amicalement.

LE DOCTEUR.

Elle aussi ! Je n'y suis plus du tout !

ARTHUR, à part.

Oh ! je n'ai plus qu'un espoir !

FRAGOLETTA.

Air : Valse de Strauss.

On peut venir.

TOUS.

On peut venir.

LE DOCTEUR.

Il faut partir.

TOUS.

Il faut partir ;
Oui, de ces lieux,
Sortez tous deux.

SCÈNE XII.

NOUN, LE DOCTEUR, FRAGOLETTA.

NOUN.

Pauvre jeune homme !

LE DOCTEUR.

Ah ça ! m'apprendrez-vous comment il se fait
que Noun... car, le diable m'emporte si je comprends...

NOUN, lui tendant un papier.

Et ce papier que j'ai trouvé là !

(Elle indique la chambre à droite.)

FRAGOLETTA.

Il fallait le tromper, le renvoyer... Sans cela,
il était perdu.

LE DOCTEUR, qui a lu le papier.

Je comprends... Je t'en félicite, tu as menti
comme un ange.

NOUN.

Dam ! ça m'arrive quelquefois.

FRAGOLETTA.

Enfin ! il ne me verra plus... Il ne saura pas
que c'est une femme qu'il a combattue, qu'il a
blessée ; il serait trop malheureux ! Et maintenant Sir James peut réclamer ma main, la parole de mon père... Sir Arthur et lui ne sauront
jamais que cette jeune fille, qu'ils aiment peut-
être, était cet étourdi qui sait manier un pistolet,
se battre en duel !

NOUN, sortant.

Le fait est que c'est une drôle de femme !

LE DOCTEUR.

A présent le Constable peut visiter la maison.

FRAGOLETTA.

Il vous attend ! allez le trouver... Il n'y a plus personne à arrêter ici... à moins que ce ne soit Sir James !.. et je ne m'y oppose pas !..

LE DOCTEUR.

Allons, du courage, du calme ! vous en avez besoin !

NOUN.

Pauvre Sir Arthur ! Quel temps pour se mettre en mer !   (Elle sort avec le Docteur.)

SCÈNE XIII.

FRAGOLETTA, seule. Elle tombe assise.

Ah ! quelle leçon ! et combien je m'en veux de ces emportemens... de cette éducation de marin qui revient toujours malgré moi ! (Se levant.) Après tout, j'ai bien fait de me battre... Il m'avait insultée... il m'avait blessée... je dois le haïr !.. C'est facile, je ne le verrai plus ! (Elle va pour prendre le flambeau.) Oh! non, jamais ! (La fenêtre s'ouvre vivement.) Grand Dieu !

(Arthur saute dans l'appartement.)

SCÈNE XIV.

ARTHUR, FRAGOLETTA.

ARTHUR.

Silence !

FRAGOLETTA.

Monsieur, monsieur !

ARTHUR. *

J'entends la voix du Constable et de M. Wilkis?..

FRAGOLETTA.

On vous a vu?

ARTHUR.

Non, non, rassurez-vous : je n'ai rien à craindre, rien que votre haine, et je n'ai pas voulu l'emporter avec moi !

FRAGOLETTA.

Mais Sir James...

ARTHUR.

Ah! c'est lui qui m'a décidé à venir plus tôt.

FRAGOLETTA.

Comment, monsieur ?..

ARTHUR.

Si vous eussiez pu l'entendre, lui, comme il parlait de ses espérances trompées, de cette fortune partagée !.. Alors, je n'ai pu retenir ma colère... et, arrivé à cette porte, qu'il allait refermer sur moi, et qui devait me séparer de vous pour toujours peut-être, je l'ai poussé brusquement dehors, à ma place, dans l'obscurité.

FRAGOLETTA.

C'est indigne.

ARTHUR.

Mais vous le plaigniez, lui, et moi qui me perds pour vous revoir !..

FRAGOLETTA.

Vous vous perdez !

ARTHUR.

Oui, miss, oui; et voilà ce que j'ai voulu vous apprendre moi-même... Plus tard, vous sauriez

* Fragoletta, Arthur.

tout sans doute, et par d'autres... et je ne serais plus là pour me justifier... mais je veux que mon sort se décide, ici, à l'instant même... apprenez donc que ce jeune homme... cet étourdi, ce malheureux qui a outragé votre famille, qui s'est battu contre votre frère, qui l'a blessé, c'est moi...

FRAGOLETTA.

Vous! monsieur! vous! ah! sortez!

ARTHUR.

Ce n'est pas tout encore... la personne que j'ai indignement outragée dans un accès de délire, d'ivresse. que sais-je?.. la femme pour l'honneur de laquelle votre frère a risqué ses jours contre moi... c'est vous.

FRAGOLETTA, balbutiant.

Moi, monsieur!

ARTHUR.

Oui ! vous que j'aimais déjà... qu'aujourd'hui j'aime à en devenir fou ! voyez si je suis malheureux... car vous ne me pardonnerez pas !

FRAGOLETTA.

Non, si je l'apprenais d'un autre que vous, mais tant de franchise...

ARTHUR.

Vous me pardonnez! oui, oui, l'aveu de mon amour ne vous a point irritée.

FRAGOLETTA.

Monsieur, c'est mon frère.

ARTHUR.

Votre frère !.. ah ! oui ! allons le trouver... car, moi aussi, j'ai besoin de le voir là, à côté de vous ! Tenez, il y a des momens où je perds la tête... où je crois voir le frère dans la sœur... la sœur dans le frère...

FRAGOLETTA.

Ah ! quelle folie !

ARTHUR.

Oui, une folie !.. avoir blessé une femme ! oh ! ce serait affreux ! mais non, non ! vous, manier des armes, vous battre comme un spadassin... oublier la grâce, la candeur de votre sexe !

FRAGOLETTA.

Vous me mépriseriez !

ARTHUR.

Oh ! c'est impossible... conduisez-moi près de votre frère*... qu'il approuve.

FRAGOLETTA, voulant sortir.

Sir Arthur...

ARTHUR, lui saisissant vivement le bras.

Venez !

FRAGOLETTA, voulant retirer son bras.

Laissez-moi !

ARTHUR, insistant.

De grâce !

FRAGOLETTA, poussant un cri.

Ah !.. vous me faites mal !   (Elle s'évanouit.)

ARTHUR, la soutenant.

Grand Dieu ! qu'est-ce donc? miss ! évanouie ! (La posant dans un fauteuil.) Malheureux ! miss Fragoletta ! oh ! du secours. (En disant cela, il court, il tire un cordon, il sonne.) Comment? (Comme frappé d'une idée.) oh ! (Il prend son bras, arrache la manche de la robe et découvre la blessure.) ah !.. cette blessure... c'était elle... elle que j'ai blessée !.. ah !.. mon Dieu !

* Arthur, Fragoletta.

SCÈNE XV.

LES MÊMES, LE DOCTEUR, NOUN, et ensuite
SIR JAMES.

NOUN.

Eh mais ! ce bruit ! sir Arthur !

LE DOCTEUR.

Qu'est-ce donc ? ô ciel* !

ARTHUR, courant à eux, et les entraînant.

Venez, venez tous ! ah docteur ! vous me trom-
piez... son bras que j'ai pressé...

LE DOCTEUR.

Imprudent ! que faites-vous ici ?.. heureuse-
ment le Constable est parti !

NOUN.

La voilà !.. la voilà !..

ARTHUR, aux pieds de Fragoletta qui revient peu à
peu.

Oh ! pardon, pardon, miss ! ma vie entière
pour expier ma faute !.. ah ! j'en mourrai !

FRAGOLETTA, revenant à elle, et voyant son bras
découvert.

Ah ! (Elle baisse vivement la manche de sa robe.)
Monsieur !

ARTHUR.

Air de Téniers.

O ! mes amis, entourez-la de grâce !
Aidez-moi donc tous deux à la fléchir,
Fragoletta, je sais que mon audace,
Alla bien loin... c'est à moi d'en rougir !
Je vous forçai moi-même à la vengeance...
Et de mon sort c'est à vous d'ordonner ;
Homme un instant pour venger votre offense,
Redevenez femme, pour pardonner.

(Fragoletta lui tend la main.)

NOUN.

Elle l'aime, c'est clair.

LE DOCTEUR, souriant.

C'est très bien.... mais, sir James !

SCÈNE XVI.

LES MÊMES, SIR JAMES, entrant tout inondé de
pluie et furieux.

SIR JAMES.**

C'est une indignité, c'est une horreur !... me
mettre dehors par une pluie pareille ! je suis per-
cé, inondé, gelé... j'en aurai une pleurésie !

NOUN.

Miséricorde !

SIR JAMES, apercevant Arthur.

Ah ! c'est vous... et vous riez... Monsieur, il
faut que cela s'explique, il faut que vous me ren-
diez raison, il faut...

LE DOCTEUR.

Il faut, il faut que vous changiez d'habit.

SIR JAMES.

Parbleu ! d'habit et du reste.

* Arthur, le Docteur, Fragoletta, sur le fauteuil, Noun.
** Le Docteur, James, Arthur, Fragoletta, Noun.

ARTHUR.

Pardon, sir James... je suis revenu sur mes
pas... pour prévenir miss Fragoletta de votre
aversion prononcée pour les beaux-frères qui
tombent des nues... et obtenir pour moi, sa
main que vous refusez !

SIR JAMES.

Eh ! monsieur, je n'ai pas besoin de vos services... je saurai bien m'expliquer moi-même
avec sir Edouard que je vais trouver à l'instant...

(Il va pour sortir.)

LE DOCTEUR, souriant.

C'est inutile.

SIR JAMES.

Sir Edouard...

NOUN.

Il est ici.

SIR JAMES.

Plaît-il ?

ARTHUR, faisant passer Fragoletta.*

Vous ne devinez pas ?

SIR JAMES.

Quoi ?

LE DOCTEUR.

Cette ressemblance du frère...

NOUN.

Avec la sœur.

SIR JAMES.

Hein ? (Il les regarde tous sourire, et s'approchant
de Fragoletta qui baisse les yeux.) Ah bah ! est-ce
que...

FRAGOLETTA, à mi-voix.

Oui, mon témoin.

SIR JAMES, stupéfait.

Oh ! et moi qui ai passé la nuit auprès de...
sans me douter que... Ah ! c'est plus bête que
nature !

CHOEUR FINAL.

Air : Final du premier acte de la Vie du Château.

Partageons tous, en ce jour, leur ivresse !
Plus de frayeur,
De douleur,
De tristesse.
A la fureur,
Succède la tendresse.
Ne songeons plus maintenant qu'au bonheur.

FRAGOLETTA, au public.

Air d'Aristippe.

Je viens à vous, inquiète, et pour cause,
En implorant un appui généreux.
De vos bravos, messieurs, forcez la dose ;
A partager, ici nous sommes deux,
Songez qu'ici, messieurs, nous sommes deux.
Mais si, pour nous, les destins sont contraires,
Songez-y bien, le frère, par bonheur,
Se charge seul des mauvaises affaires...

ARTHUR.

Et le pardon revient avec la sœur.

REPRISE DU CHOEUR.

* Le Docteur, James, Fragoletta, Arthur, Noun.

FIN DE FRAGOLETTA.